LOCUS

LOCUS

LOCUS

LOCUS

mark

這個系列標記的是一些人、一些事件與活動。

mark 189
趁我們還有時間
作者：朴研美（Yeonmi Park）
譯者：謝佩妏
責任編輯：潘乃慧
校對：聞若婷
封面設計：許慈力
出版者：大塊文化出版股份有限公司
105022台北市松山區南京東路四段25號11樓
www.locuspublishing.com
讀者服務專線：0800-006689
TEL：(02)87123898 FAX：(02)87123897
郵撥帳號：18955675 戶名：大塊文化出版股份有限公司
法律顧問：董安丹律師、顧慕堯律師

總經銷：大和書報圖書股份有限公司
地址：新北市新莊區五工五路2號
TEL：(02) 89902588 FAX：(02) 22901658
初版一刷：2023年10月
定價：新台幣320元
Printed in Taiwan

趁我們還有時間

WHILE TIME REMAINS

★

脫北者朴研美在美國

A North Korean Defector's Search for
Freedom in America

Yeonmi Park 朴研美 著　謝佩妏 譯

目次

引言

喬登・彼得森（Jordan B. Peterson）

假如左派假想的道德標準有任何現實基礎，很難想像有誰會比朴研美更能得到左派人士的讚賞。她可說是赤手空拳逃出了殘暴不仁的北韓政權，從此不再靠國家的施捨度日。她集所有英勇受害者所需的（假想）條件於一身，所有美德在她身上交叉匯聚。首先，她是移民，又是女性，曾經遭受百分之百的暴君（及其家族蠻橫掌控的政府代理人）的無情迫害；捱過饑荒，受過奴役（跟母親雙雙成為人口販運的受害者），甚至在很小的年紀就遭到性剝削。

她從小所受的「教育」，多半都是迫害者自我美化的宣傳內容，或是為了醜化其他國家而一再重複的謊言，例如把美國人妖魔化，將無可否認是北韓自己造成的失敗和浩劫歸咎於美國人。朴研美不但逃離了這一切，甚至成為代表自由的聲音。她主張要「不畏強權，說出真相」，而且也真的身體力行。儘管因為小時候經常挨餓而長得比一般人瘦弱，她卻成了有史以來最令人頭痛的獨裁政權之一的眼中釘。

從這方面來看，她令人想起阿亞安．席爾西．阿里（Ayaan Hirsi Ali）。多年前，我還很懵懂無知的時候，以為每個值得尊敬的西方女性主義者都會把她當作寶。阿亞安．席爾西．阿里同樣既是女性也是移民，是女性割禮的受害者，憑著過人的勇氣挺身反抗偽善的宗教權威，不肯照他們希望的，屈服於乖巧順從的生活。結果她得到什麼回報？南方貧困法律中心（Southern Poverty Law Center）將她列入「反穆斯林極端分子」的黑名單。這個由一群律師組成的團體，是個自以為是且偽善到極點的左派組織，自稱要當「南方和其他地方的種族正義觸媒，與社區聯手瓦解白人至上主義，鞏固多元交織運動（譯注：intersectional，指結合不同弱勢身分的反歧視及壓迫運動），提升全體人民的人權」。這群人賣弄鏗鏘有力卻令人髮指的白痴學術用語，表面上悲天憫人，其實只是為了自我滿足。阿里錯就錯在不知好歹，不肯安分守己，大聲宣揚資本主義西方社會的邪惡（剛好相反，她認為西方相當值得欽佩，尤其是經過比較之後），因此左派人士才會看她不順眼。

對激進左派的意識形態推手來說，沒有誰比搞不清楚該採取何種政治立場才正確的弱勢女性更煩人；沒有誰比「把自己所受的壓迫內化」（根據充滿學術用語的要命認知框架），因此挺身為假想敵說話的白痴更氣人。而根據上述這個假開明的嚴謹標準，這個假想敵一定要是，而且永遠都得是——西方、西方、西方。

因為如此，朴研美受到跟阿里相當類似的對待，儘管可說是範圍更大。她利用自己的YouTube頻道，爭取大眾對北韓困境的關注，尤其是跟她和她母親有過同樣可怕遭遇的女性。她也明確指出，可惡的中國共產黨如何支持北韓，成為駭人暴政的共謀，任由北韓女性在中國繼續當作奴隸一樣買賣，同時也把金氏王朝當作一個方便又危險的工具，用來刺激並威脅西方社會。而這項威脅可不能等閒視之，因為北韓軍隊排名世界第四大，而且擁有核武。此外，如朴研美所說，金氏家族這個大魔窟使用的反美言辭煽動性十足，不惜造成大規模的毀滅：北韓學童從小就被灌輸，使用核武全面摧毀美國城市不但完全合理，也是眾人的希望。那麼YouTube的反應呢？朴研美的頻道不只一次被取消廣告投放，而且從來沒有得到解釋。還記得「不作惡」（Don't be evil）嗎？這就是買下YouTube的谷歌常被傳誦的企業座右銘。記得這句座右銘被拆掉了嗎？你想過為什麼嗎？只要看看這些對中國霸主磕頭的可悲舉動，你大概就能得到答案。

若灰姑娘的故事是某個比格林兄弟命運還坎坷的人寫的，那個人可能就是本書的作者。她逃離了北韓的禁錮，掙脫她和她母親在中國遭受的性奴役，抵達南韓，用不可思議的方式充實自己，最後來到美國，並進入曾是西方自由燈塔的哥倫比亞大學就讀。要說這是她一輩子的夢想未免言過其實，因為這是她想都沒想過的事，完全超出可能的合理範圍。受富有創業精神的父親指引，朴研美十分重視受教育這件事。好不容易到了南韓之後，她想盡辦法用各種方式自我教育（傳統意義的教育），博覽群書，包括偉大的喬治．歐威爾所寫的《動物農莊》和《一九八四》。

結果進入高等學府的學術殿堂之後，發生了什麼事？

她遇到腐化她的祖國、害她的同胞活在地獄中的同一套意識形態。當然了，這畢竟是美國，充其量也只是「輕量極權主義」。跟這個過度保護和自戀的時代裡的所有事物一樣，它呈現出來的，不過就是一種方便的時尚宣言，一種假認同，一種炫耀不勞而獲的品德的手段，同時藉此訓練自己成為壓迫者——這也是每個喜歡扮演正義使者的常春藤聯盟畢業生，不可避免也真正渴望的命運。她被學校的可悲教授訓斥，因為她竟敢欣賞珍．奧斯汀；她的書「鼓吹女性壓迫、種族歧視、殖民主義和白人至上主義」，而且「宣揚女性比男性低下的觀念，認為只有白人男性發展成熟，可進行較高層次的思考，而人只能藉由基督教教條才能獲得救贖」（否則後果不妙）。研美發現自己最好也這麼想、這麼覺得，即使是在欣賞「西方」古典音樂的時候（否則後果不妙）。哥大最無法容忍的事，莫過於「SIX HIRB」（編按：音同英文的「六種草藥」，爲以下幾字的首字母）：性別歧視（sexist）、排斥異己（intolerant）、仇外（xenophobic）、恐同（homophobic）、仇視穆斯林（Islamophobic）、種族歧視偏見狂（racist bigot）。

朴研美本身就是在極權惡夢中長大的小孩。小時候為了活下來，她會烤昆蟲來吃，前提是要找得到蟲。因為家裡窮（在北韓那是真的窮），她必須帶五張兔毛到學校跟老師（其實是政治宣傳員）交差，以免社會地位不保。她成長的地方，周圍都是把吃到燉肉和米飯當作臨終願望的人。她活在世界上最糟糕的獨裁國家，甚至可能是有史以來最糟糕的獨裁國家，雖然很多國家都在爭搶這個被捧上天的位置。最後，她奇蹟似地來到美國，卻碰到一群傻瓜，玩弄當年害她生活悽慘無比（以西方的標準絕對是）的同一套意識形態。她真心真意想對我們發出警訊，要我們別在優渥舒適的生活中，聽信當年摧毀蘇聯及其附庸國家、目前仍掌控超過十億中國人民的同一套意識形態，那對困在中國的人民和世上的其他國家，都只有壞處、沒有好處。是誰最開始急著封鎖城市？中國。又是誰模仿那個糟糕國家的作法？

西方那些膽小的傻瓜。

朴研美提醒我們別一錯再錯。

我們會聽嗎？

或許會。

或許不會。

（《生存的12條法則：當代最具影響力的公共知識分子，對混亂生活開出的解方》作者）

研美啊，虎死留皮，人死留名；
妳一定要在世上留下好名聲。

——我父親

自序

一九九三年十月四日，我在一片漆黑中出生。

過去半個世紀，北韓只能倚賴蘇聯的慷慨援助，維持社會主義國家「自給自足」的假象。一九九一年蘇聯解體，援助戛然而止，輸入北韓的金援、貨物和能源因此中斷。之後又爆發洪災，北韓的耕地在風調雨順時，就難以餵飽國內兩千一百萬人口，如今又遭洪水淹沒，供應國內少量電力的煤礦也氾濫成災。一九九三年秋天，在我出生的房子裡，黑暗早已降臨。饑荒即將爆發。

「主體思想」是北韓的官方意識形態和集體信仰，意指北韓由單一領袖統治，並因此成為一個自給自足的國家。事實上，北韓是地球上最無法自給自足的國家之一。冷戰期間，北韓若是沒有莫斯科的援助就無法存活，就像現今沒有北京的援助也無法存活一樣。由於沒有生產或分配足夠的糧食來餵飽人民的實際經驗，北韓面臨毀滅性的大饑荒，幾乎可說是不可避免的結果。北韓政府對此束手無策。

平壤當局拿不出一個有現實基礎的糧食配給政策。政府推行「一日吃兩餐」運動，據說是依照個人對政府的忠誠度來決定順序，分配一日兩餐，最終只是為了營造出北韓人民在正常情況一天可吃到三餐的假象。因為沒有餵飽人民的對策，政府為了因應之後的挑戰，下令禁用「饑荒」和「飢餓」這類字眼，並正式把即將爆發的大饑荒稱為「苦難的行軍」。

我五歲的時候，北韓已經有多達三百五十萬人死於饑荒。沒人知道真正的數字，而且可能永遠不會有人知道，因為沒有人掌握確切的資料。

我出生在兩江道的惠山市，流經該城的鴨綠江把北韓和中國隔開。這個地方就算由瑞士人或日本人來治理，也依然多山、乾燥、氣候嚴寒。而在金氏家族的統治下，這裡變成一片荒蕪。

惠山市的黑暗鋪天蓋地。不僅僅是沒燈光、沒電、沒食物，也毫無尊嚴、安穩和希望。

在惠山，黑暗代表捕捉蟑螂和蜻蜓在上學途中吃，免得上課時因為肚子餓而分心，而學校老師會帶領大家一起唱〈我們最幸福〉之類歌名的愛國歌曲。在惠山，黑暗也代表放學回家途中目睹公開處決的場面，或眼睜睜看著父母和鄰居因為收集蟲子和植物給兒女果腹而被警察抓走，或是看著當局為了「國家榮耀」，拿走集體農場長出的少量作物，也無可奈何。黑暗即是永夜。

二〇〇七年三月三十日的晚上，我從北韓逃到中國。那年我十三歲。我逃走不是為了尋求自由、人權或安穩的生活。我逃走是為了一碗飯，為了填飽肚子。

從此之後，我總是說，這輩子我最感激的事就是出生在北韓。實際上，那當然是一個人一生中可能遇到最可怕的事。但如今，隔著將近半輩子的距離，坐在我位於芝加哥的公寓回首過往。因為有過去那段歲月，如今即使只是活著，都讓我心懷感激，而我不確定自己在別的地方成長，會有相同的體會。

對我來說，日常生活所需（營養的食物、乾淨的水、燈光、暖氣、睡覺的床）能夠得到滿足，就是小小的奇蹟。不只如此，「自由」代表的全部意義，也使我深深讚嘆、肅然起敬，包括活著的權利，還有能夠放心思考、愛人、在路上行走、坐下來時不用保持警覺、呼吸時也不用提心吊膽等等。現在的我，比一般人更能對所有的事情懷著感恩之心，那都要歸功於我的前半生那有如惡夢的十六年。說來或許難以想像，我其實把那段歲月看作一種福氣。

之所以說是「十六年」，原因在於，我跟媽媽橫越結冰的鴨綠江、逃到中國的前兩年，我們並沒有擺脫惡夢。雖然填飽了肚子，但幾乎是以生命為代價。我在第一本書《為了活下去》裡，寫下我們在中國那二十三個月淪為奴隸的過程，最後我們才好不容易橫越了戈壁沙漠，安全逃到南韓。幫助我們渡過鴨綠江的是人口販子，到了中國，他們就把我們當成商品買賣交易。那兩年，我們成了中國農人的私人財產，他們不把北韓女人當人看，而是當作性奴隸或出氣筒。他們給我們飯吃，但理由不比北韓監獄給犯人稀飯吃來得高尚或更仁慈。

到了中國我才明白，北韓政權是如何撐過大饑荒，持續讓好幾百萬人忍受聯合國所謂的「現代大浩劫」直到今日。而監控十四億中國人民，幾乎掌控他們生活的所有面向，並在剷除西藏人和維吾爾族人有實際進展的政權，就是幫助金氏家族持續控制平壤的同一個政權。中國共產黨很久以前就取代了蘇聯，成為這場現代大浩劫的最大推手。在中國期間，我還很懵懂無知，開始相信全世界一定都跟北韓大同小異，到哪裡都充斥著恐懼、冷酷、傷害和絕望。

有生以來，我只有一次差點失去堅持下去的力量，那就是在我離開北韓、抵達中國之後。

二〇〇九年，我在南韓第一次嘗到自由的滋味。在那裡，我結識了到世界各地服務的基督教傳教士。二〇一三年，他們邀請我到我幾乎沒聽過的地方服務——德州的泰勒市和喬治亞州的亞特蘭大市。因為渴望旅行，我接受他們的邀請，在十九歲那年飛往美國。我也因此得到了救贖。

有些地方親眼一見，甚至比傳說中更加宏偉壯觀，例如古夫金字塔、泰姬瑪哈陵和西斯汀教堂。但國家很少如此。大多數國家都有自己的建國神話，也就是國家起源的故事。這些故事具有凝聚族群的政治功能，或是可以把某種理想藍圖投射到外在世界。但神話不一定能夠反映現實，至少外來者很難把兩者連結起來。舉例來說，到法國旅遊的觀光客，就無法立刻感受到代表法國的「博愛」精神。

對我來說，美國是唯一親眼看見，甚至比傳聞中更宏偉的國家。美國人親切友善，全身上下散發著自信，還有在自己土地上隨心所欲地生活、信仰和戀愛的自由開放。除此之外，人與人之間的互動和交往充滿**熱情活力**，從空氣中都能感受到那股熱力。我不禁想，這些人果然是推翻帝國主義和奴隸制度、擊敗法西斯主義和共產主義、孕育電影和爵士樂、消滅疾病、創造網路，以及登陸月球的偉大民族的後裔。當時我就知道我想跟這些人一起生活，視他們為我的朋友和家人，如果可以，我甚至想成為他們的一分子。

二〇二二年一月，我的夢想成真，正式成為美國公民。有時我還得捏一下自己，提醒自己沒有在做夢。我從沒想過自己能夠擁有後來我在美國享有的自由和權利。能夠單純憑藉著回憶、良知和個人觀點寫下這本書，完全不受審查制度的箝制，也不需擔心法律後果，這件事本身就證明了美國生活代表的奇蹟。

寫這本書的動機，源自於二〇二〇年夏天我在芝加哥發生的一件事。那天，我帶著兒子在光天化日下遭到搶劫和襲擊，旁觀者卻因為我和襲擊者的膚色而不願意插手干預。我在第七章詳細描述了整個過程。那次經驗對我產生重大的影響，使我明白了兩件事，並因此想要寫下你現在讀的這本書。首先，我意識到有很多美國同胞，已經失去像我這樣欣賞這個國家令人敬佩之處的能力。第二，他們之中有許多人無法像我一樣，看出這個國家面臨的某些威脅。

當我告訴我的美國友人和同事，美國的某些發展令我想起北韓時，他們的反應通常是把頭一歪，露出不以為然的笑容。即使我接著解釋，我指的自然不是生活品質或政府體制，而是機關組織被一小群迫切想要懲罰異己的人所控制，這通常也幫助不大，他們還是會困窘地別過頭。那些完全相信我被偉大的領袖洗腦十三年，也能脫離他的掌控的人，似乎認為短短幾年內，我就被「極右派」給收編。這正是我想表達的重點。

正因為一些美國同胞一致用「右派」這個詞來攻擊我和審查我，有些也成功達到了目的，我才漸漸熟悉這個詞。我發現在這個脈絡下，「右派」指的不是美國政治光譜中的某一套社會和經濟方面的偏好，而是「不忠」——不忠於商業、政治和文化菁英的品味、意見、價值觀與偏好。也就是下層及勞工階級對統治階級的不忠。

假如這種情況讓我想起我從小長大，而你（應該是大多數人）很陌生的北韓的某些面向，我就會變成「極右派」嗎？

老實說，我不知道。因為「右派」和「左派」這些分類，對我瞭解自己的新家園幫助不大。在我的認知中，這些專有名詞多半已經過時，早在我二〇一三年踏上美國土地之前，就不再具有解釋的力量，不過是寡頭政治家、社會菁英、政治人物使用的社會組織工具，目的是監控可被他們接受的思想的界線。總而言之，民主黨或共和黨、自由主義或保守主義、左派或右派等意識形態的成敗得失，都不是我致力的目標，只要他們以有意義的方式存在於世。

我致力於捍衛的絕對意識形態是個人的自由和權利，也就是湯瑪斯・傑佛遜和馬丁・路德・金恩都贊同的價值觀。此外，我也努力抵抗那些破壞這套價值體系的力量。因為如此，我才會借用我對北韓的認識和親身經歷，來說明美國人享有的自由權受到的威脅，而非加以誇大。而我確實看見威脅正在逐步逼近。

所以我寫下了這本書。因為我逃出了人間地獄，橫越沙漠尋求自由，最後也找到了自由。因為我千辛萬苦來到應許之地，並在這裡生下兒子，而他的第一口呼吸就是以美國公民的身分獲得的。因為我不希望我的新家園遭遇禍患。因為我希望，也需要我們能夠阻止黑暗逼近。

因為我需要所有人一起拯救我們的國家，趁我們還有時間。

前言　美國壞蛋

這間教室冰冷又破舊。角落火爐裡的木柴燒成灰燼的氣味，瀰漫在空氣中。火爐上方的牆壁被煙燻黑，木頭瓦解粉碎，餘燼嗶剝作響。我跟其他二十四個同班同學，穿著一樣破舊的冬季制服，幾乎難分你我。大夥坐在混凝土地板上，擠在一起取暖。有些人很餓，有些人餓壞了。有些人奮力保持清醒，但禁不住眼睛往上翻、頭往下垂，打起瞌睡。

睡著總比醒著挨餓要好，我心想。

我永遠坐在遙遠的最後一排，離火爐最遠，旁邊坐著其他「程度落後」的小孩。我質問自己：**我為什麼不能表現更好，這樣就能坐到前排**。我閉上眼睛，握緊拳頭，希望老師如我所願，把我移到前排離火爐更近的地方，但張開眼睛卻還是坐在最後一排。為什麼會這樣，我當然知道——因為我功課不好。我常聽不懂老師和同學說的話。對我來說，歷史怎麼也背不起來，數學就像外語一樣難懂。

唯一能彌補功課不好的方法，就是比別人更快收集到「兔毛定額」。學校規定，每個學生每學期要交五張兔毛，表面上是為了供應軍隊製作冬季軍服，其實是校方自己要拿去賣錢。另一個方法，是用激昂到接近歇斯底里的熱情，回答有關咱們「社會主義天堂」的問題。但這些我也都不擅長。

「朴研美！」老師的嚴厲聲音把我震醒。

「有！」我回答，全身打了個冷顫。

「背出咱們偉大領袖的所有頭銜！」

我支支吾吾，試著拖延時間，好冷靜下來並說出正確答案。要是答錯了，可能會害我的家人受罰。

「快點！我們沒那麼多時間。」

「我們偉大的金正日同志，」我鼓起勇氣開始背：「朝鮮勞動黨總書記，朝鮮民主主義人民共和國國防委員會委員長，朝鮮人民軍最高司令官……」最後一個我含糊帶過，免得講錯。

「很好！」老師說。

我鬆了一口氣。我的家人今天不會有事了。可是緊接著……

「現在唱國歌！」老師高聲說。

不會吧。剛開始怎麼唱？我想不起來，一時慌了手腳。「呃……」

「朴研美！我叫妳唱國歌！」

為什麼大家都盯著我看？為什麼沒人幫幫我？要是姊姊恩美在就好了。我要媽媽。此時此刻，我只覺得喉嚨卡住，淚水滾滾落下，我趕緊用手背擦去淚水。

「怎麼搞的？妳有笨到這種程度嗎？我叫妳唱國歌，**聽到沒有**！」

我別無選擇，只好閉上眼睛開始唱，祈禱從我嘴裡唱出的是正確的旋律。結果真的有效，簡直是奇蹟！聲音流瀉而出，我唱了起來！是嗎？還是……那是什麼聲音？聽起來很刺耳，像是透過擴音器播放的差勁錄音，而且音量大到震耳欲聾。那聲音是從外面傳來的嗎？不是。是從我體內發出來的。哦不……

「在我們守護的碉堡上，英勇地迎風飄揚？」（譯注：美國國歌）

我在唱歌沒錯，但那不是我的聲音，是我的入籍課程的錄音，那一句國歌害我吃了很多苦頭。

碉堡？**飄揚**？還有為什麼句子最後是問號？

更要緊的是，**其他人聽得到嗎**？這些歌詞怎麼會從我的口中跑出來？

「妳在亂唱什麼？」老師怒吼。

我的腸胃一緊。大家都聽得到。我嚇呆了。

「馬上給我住口！我要妳唱的是我們心愛祖國的國歌！」

「砲火閃爍，」我接著唱，嘴巴不聽使喚。「砲聲隆隆。」

「警衛！」老師尖聲喊：「警衛！」

我停止歌唱，閉上嘴，張開眼睛。教室裡面變得黑漆漆，但我還是聞得到燒柴的味道。老師和同學都走了，可是我聽到竊竊私語，還有腳步在水泥地板上移動的聲音。一定還有人在。我看往唯一的光線來源：火爐裡的殘灰。殘灰忽隱忽現，像閃爍的燈光。有個人在火爐前來回踱步。

我聽到咻的一聲，聲音響亮，像大砲。我往窗外一看，只看到一枚信號彈。它射出的火光照亮夜空，在教室裡打下一陣白光。我又轉頭去看火爐。

兩名士兵抓著固定在槍上的刺刀朝我走來，遮住他們身後的男人。他身穿黑色西裝，在火爐前踱來踱去，然後把一根還在冒煙的雪茄丟在地上。

我尖叫著醒過來。

從床上坐起來，我按著汗濕的床單，背僵直得像木板。我人在紐約市晨邊高地的公寓，原來那只是夢，我在這裡很安全。但過了好幾分鐘，我的肌肉才放鬆下來，五臟六腑終於重新歸位。凌晨快四點，底下的街道還靜悄悄的。雖然我滿身大汗，還是把暖氣稍微調高，也開了燈。

二〇一五年我移民美國，實現了內心最大的願望。我做夢也想不到，逃出北韓會迎來這樣的結局。二〇一三年，我曾經加入以德州泰勒市（達拉斯的東南方）為根據地的志工服務團，第一次踏上美國的土地。當時我身無分文，英文又破，卻覺得美國是個幅員遼闊又極其美麗的國家，而美國人跟我從小到大被灌輸的印象天差地別。

在北韓，學校連數學課都不忘利用反美文宣，這是很正常的事。比方用「有五輛美國坦克車，北韓軍隊摧毀了四輛，還剩下幾輛？」之類的問題來考學生。而我們當然一定得在「美國人」前面加上一些羞辱的字眼，不然就便宜了他們，也會顯得很可疑。所以美國人一律都是「美國壞蛋」、「洋基惡魔」或「大鼻子洋基」。

此外，學校也教我們，美國壞蛋不像偉大的朝鮮民族，他們根本就不是人。我指的完全是字面上的意思，而不是美國人在北韓學校被「泯除人性」。也就是說，美國人就是頭上長角、尾巴分叉的冷血爬蟲動物。這套荒謬的理論，在生活貧困、沒受教育的北韓人心中根深柢固，以至於家母見到我上一本書的美國共同作者，也就是可愛的瑪麗安・瓦勒斯（Maryanne Vollers）本人時，大吃一驚。瑪麗安跟她握手擁抱過後，我媽跟我說：「研美啊，這位美國女士的身體熱熱的。」我回答她：「對啊，媽！她跟我們一樣是人。」她聽了很訝異。

北韓學校也會用圖畫來呈現官方塑造的美國形象。我們的課本、甚至教室牆壁上，都有金髮碧眼的大鼻子美國士兵殘殺北韓平民，或是被勇敢的北韓學生用長叉和刺刀刺死的詭異圖案。早上，我們常常在下課時間冒著冷風排成一列，輪流用削得尖尖的棍子刺美國大兵布偶，因為敵人有天一定會回來，我們得隨時保持警戒。

其中要傳達的訊息很清楚：來自美國的威脅絕對不假，而且迫在眉睫，所有人都有立即的危險。

我還記得晚上我很怕洋基惡魔會轟炸惠山，入侵我們的家園，殺了我爸媽，把折磨我跟恩美當作樂子。

北韓學校的文宣當然不只限於美國。學校也灌輸我們金氏家族具有神奇的力量，他們的存在本身就是上天賜給北韓人民的一份禮物。建立北韓的金日成（一九一二－一九九四）不只被當作神一樣崇拜，甚至被視為真正的神。他成功打造了個人崇拜，即使後來死於心臟病發，也沒有人質疑他照理說應該長生不死的神話。

他的兒子金正日（一九四一－二〇一一）的誕辰被訂為「光明星節」。根據傳說，他出生那一晚，白頭山（北韓最高峰）上方的天空出現了一顆光明星，游擊隊員在樹上刻下標語：「朝鮮啊！白頭光明星誕生！」以及「三英雄以白頭山精神照耀朝鮮：金日成、金正淑（他的第一任妻子），以及光明星」。不只一個人指出金正日（北韓建國之神的兒子）的「光明星」傳說，跟啟示錄中代表耶穌基督的「晨星」有雷同之處。

金氏政權跟史達林的每一任極權繼承者一樣，都知道控制人民的身體固然重要，但更重要的是控制他們的思想。一九三四年，德國小說家海里希．曼（Heinrich Mann）稱納粹政權為「心智的獨裁統治」，是「對全國的知識和精神生活的全面控制」。張振成曾是北韓的詩人及宣傳官員，後來逃到了南韓，他稱這種對全民精神生活的奴役為「情感的獨裁統治」。

就像格達費統治下的利比亞和展開伊斯蘭革命的伊朗，金氏政權控制了北韓境內資訊的流通，正如同毒梟掌控毒品的流通，包括有系統地剷除競爭來源、集中生產並操控配給。

我父親朴津識是惠山的創業家，終其一生都想盡辦法改善一家人的生活。他在一間生意清淡的工廠賺取的微薄薪水，只能勉強維持家計，於是他決定到黑市做生意，靠自己賺錢。他先到附近城鎮賣香菸，後來開始走私銅和其他金屬到鄰近的中國。做這種生意很危險，但利潤高，冒險也值得。我爸是天生的生意人，知道怎麼躲避當局的監控，把生意做大。我七歲的時候，家裡過著幸福也相對富裕的生活。

但我九歲那年，當局逮到我爸走私，他被判處強制勞役，勞改營在平壤附近，距離惠山西南方大約五百五十哩遠。我母親邊謙淑被視為他的共犯，因此也被判入獄，那段時間她經常被審問並遭到性侵犯。最後她雖然沒有入獄，卻因為未經核准就從惠山搬到高原，而被判處幾個月強制勞役。有將近兩年的時間，她常常一連「消失」長達四十天。

那段時間，我跟姊姊恩美（當時十三歲）被獨自丟在惠山的家和媽媽在高原的老家。那是我從出生以來最難熬的一段日子。

我跟恩美手邊的食物跟錢都少得可憐，不得不咬緊牙根，在現實生活中學會「主體思想」教我們的自立自強。我們學會怎麼抓蚱蜢和蜻蜓，然後烤一烤當晚餐。後來這些「蛋白質來源」愈來愈少，我們就到附近山坡上摘植物，只為了讓嘴巴裡有東西可以嚼。還記得有些晚上，我哭到眼淚都流乾了，還是不斷抽泣，來回搖晃著身體，好怕再也見不到爸爸媽媽，我們一家四口再也無法團圓。最後我整個人愈來愈麻木，對生活幾乎完全無感。當時我甚至不滿十歲。

當你聽到社會主義制度下的百姓有何種冷漠和冷酷的作為時，請對他們寬容一些。一個被迫跟家人分開又經常挨餓的人，已經失去跟周圍世界連結的能力。

後來，我媽提早獲釋（她賄賂了獄卒），我爸在勞改營服刑三年後，也在二〇〇六年獲釋（他也買通了獄卒，得以平安回到惠山，並答應返家後就把錢寄給獄卒）。我們終於一家團圓。但見到爸爸之後，一開始的幸福雀躍很快就被沖淡，因為我發現他完全變了個人。他對生命的熱情已經消逝無蹤，嘴角紋路下垂。過去說起越境去「做生意」的驚險過程，甚至轉述其他國家有多「進步」的傳聞時（我不知道那是什麼意思，因為我還沒看過世界地圖），他眼中會燃起的光芒，如今已不復見。爸爸病了，而且被折磨得不成人形。我們一家四口雖然在惠山重新團聚，卻不再是過去的那個家庭。期望有一天我們能像過去一樣幸福，再也不可能實現了。

在北韓，更生人的生活要比「一般人」艱辛好幾倍，外人或許很難理解。這裡不像歐美，沒有更生人的重返社會計畫，沒有個案管理師，沒有社工，沒有就業輔導或是重回社會的機會。北韓的更生人等同於賤民，連家人也會遭殃，連帶被貶為社會最低階級，處處受到排擠。他們的血統從此蒙上污點，所有機會之門都對他們關閉，集體農場、工廠、軍隊或公職都不會再接納他們。

提供救贖的可能是所有偉大宗教與社會的核心，但這在北韓和其他共產獨裁國家，卻是無法想像的事。

然後，有天晚上恩美失蹤了。她遲遲沒有回家，我爸媽驚慌失措，到處去找她。但夜愈深，他們愈加確定，恩美不是單純失蹤或找不到人，而是已經離開惠山。最後我們找到她藏在我的枕頭下的字條。原來恩美再也受不了貧困的生活，便橫越鴨綠江逃到中國。她要我去找一個住在郊區的婦人；對方幫助她逃走，會知道怎麼聯絡她。恩美的決定無論對她自己或我們都危險至極，也在我們家激起強烈的憤怒和恐懼。

禍不單行，恩美逃走之前，我剛好因為嚴重腹痛進了醫院。醫生誤診為盲腸炎，因此我在麻醉不足的情況下動了手術，在手術中醒過來又痛到昏過去。

等我在破舊的醫院病床上醒來時，已經過了好幾天。恩美不見了，我爸媽眼看已經急到快發瘋。

我們別無選擇，一定要聯絡到恩美才行。我請求醫師幫我拆線，院方勉為其難答應我。恩美在字條上指示我們，要怎麼到惠山郊區找到那名婦人。找到人之後，她跟我們說了她顯然也跟恩美說過的話：到了中國，我們就不用再餓肚子，而且能立刻聯絡到恩美。當時我們全然不知中國有多大，或是中國政府對脫北者的政策。

然而，姊姊、媽媽跟我都不知道我們已經走進人口販子設下的陷阱。惠山郊區的這名婦人，專門以「吃得飽」和「有工作」引誘北韓女人上鉤。我們面臨一個無比困難的選擇：要馬上離開這裡，把握找到恩美的機會？還是放棄這個機會，掉頭回家繼續餓肚子，爸媽也還是找不到工作。我說服媽媽，我們必須抓住機會。

某方面來說，我們的惡夢是從離開北韓**之後**才開始的。連批評中國最不遺餘力的人，聽到我這麼說都會露出震驚和錯愕的表情。到了吉林省南部的長白縣，我跟我媽在不同的人口販子之間易手，價錢一次比一次高。最後我們被賣給討不到本地老婆的鄉下男人當「媳婦」（為了減緩人口成長速度，中共在一九八〇年蠻橫實施一胎化政策，結果造成大規模的性別失衡，因為中國家庭多半重男輕女，導致一整代「女性消失」）。當時我才十三歲，我媽四十一歲。

我們毫無選擇的餘地。要是不乖乖聽話，買下我們的人就會把我們交給中國當局遣送回國，之後我們的下場只有死路一條。我媽被賣給一個農夫當老婆／奴婢，我被一個人口販子買去當情婦。跟媽媽分開之前，賣掉我們的男人威脅要強暴我。媽媽為了保護我，犧牲了自己，而且不只一次，有時甚至就發生在我的視線和聽力範圍之內。

把我留在身邊當作小情婦的男人，後來終於答應要幫我買回我母親，甚至想辦法把我父親帶來中國。他果真說到做到。那是我不斷向天祈求的小幸運，但等到他實現承諾的時候，我已經不再是過去的我。我覺得自己身上僅存的純真和理智已經蕩然無存。而且，恩美還是下落不明。

三個月後，我跟媽媽終於團圓。又過三個月，爸爸總算抵達中國，對我們來說卻是苦樂參半。那天剛好是我的十四歲生日，能再見到爸爸是我這輩子得到過最棒的生日禮物，但他病得很重，身體已經無法正常運作。那時我們還不知道他怎麼了，後來才確定他得了結腸癌，他坐牢那幾年都沒被診斷出來。他在中國動了一次實驗性手術，最後醫生認為能做的都做了，癌細胞已經擴散到很多地方。

二〇〇八年初，我爸與世長辭。他臨終時，我在床邊照顧他，抱著他一動也不動的身體。他在早上七點半斷氣，前一晚我還抱著他，幫他剪指甲。我心痛又憤怒，即使媽媽就在身邊，還是有一種無法形容的孤單。唯一能阻止永夜逼近的小小安慰，就是知道，即使命運坎坷、也能從生命中找到喜悅、樂趣和愛的爸爸，終於不用再受苦。脫離生者的痛苦煩惱，他從此得以安息。

把我當情婦的男人，找了兩個手下幫我們把爸爸的遺體搬走。我們只能在夜裡偷偷摸摸進行，免得被中國警察發現（我的「丈夫」照理說，只能走私北韓女人，不能走私男人）。

我們把爸爸草草火化，為了避人耳目，我把骨灰帶到羊山鎮某片能夠俯瞰河流的山頂，然後很快埋了爸爸的骨灰，害怕自己一開口祈禱就會哭出來，也怕一旦被警察發現，我會被遣送回國。

一年之後，買下我的人口販子因為沉迷於賭博，再也養不起我跟媽媽，我們只能自求多福。最後有人介紹我們認識一群基督教傳教士；他們專門幫助中國的脫北者，先說服他們皈依基督教，再把他們送到南韓。

傳教士為脫北者安排的逃亡路線艱辛難行，必須在深夜裡橫越戈壁沙漠到蒙古。我跟我媽這組有八個人，包括一對帶著幼兒的夫妻。一行人又冷又餓，唯一的指引是天上的星星和手中的指南針。踏上帶路人指出的路徑之後，最後我們被蒙古的邊境巡邏隊發現，先被送往某個軍事基地，最後終於坐上飛往南韓的飛機。

從此以後，戈壁沙漠成了我心中的救贖、我眼中的紅海。還記得夜裡在沙漠中跋涉、抬頭看天空時，我心裡又敬又畏，伴隨著強烈的孤寂和滄海一粟的感覺。當時我心想，要是晚上我凍死、病死或被野生動物吃掉，或是一旦媽媽走了，這世界上就沒有人知道或在乎我的事。

以前爸爸常跟我說：「研美啊，虎死留皮，人死留名；妳一定要在世上留下好名聲。」要是那天晚上我死在沙漠中，就不會在世界上留下半點痕跡，那麼我的生命似乎也就毫無意義了。

我抬頭看著滿天星斗，奮力擺動雙腿以免凍僵，同時幫忙同組的小夫妻替他們的孩子保暖，我記得自己在心中回顧我們一家人到目前為止遭受的苦難，心裡不禁想，這一切都毫無意義，除非我找到方法賦予它意義。那天晚上，我在心裡對自己承諾，如果我能活著逃到沙漠的另一邊，我一定要想辦法為這一切賦予意義，包括恩美失蹤、媽媽受到的凌虐，還有爸爸入獄和喪命等等。

我必須活下來，說出我的故事，還有至今仍困在世上最黑暗國度的兩千一百萬北韓人的故事。

我跟媽媽很幸運能毫髮無傷地抵達南韓。幫助我們的傳教士一再提醒我們，要做好被中國當局逮到並遣送回國的準備。而我們對這種可能所做的唯一準備，就是用最快的速度自我了斷。我們在身上藏了剃刀跟毒藥。

因為所有人性尊嚴都被剝奪殆盡，只剩下基本的存活本能，所以我們比任何時候都更清楚自己的肉體所面對的現實。從達爾文到道金斯（Richard Dawkins）的生物學家都說過，存活本能是我們和動物界如此密不可分的關鍵。然而，人類比動物多了心理上的負荷：死亡之前，我們必須先面對失去摯愛的痛苦，還有自己的死亡。

我還記得當時如何準備在必要時自我了斷。我跟媽媽已經擬好計畫；她把很多刀片藏在我的夾克裡，也在自己內衣塞了滿滿一袋安眠藥。我們還邊哭邊演練被捕的過程。為了減輕心理負擔，我們安慰彼此能走到這裡已經很幸運：我們終於要投奔自由，或是從地獄解脫。無論這趟旅程會通往哪裡，我們都會一起作伴。

結果是投奔自由。

前幾個月的種種遭遇，一直給我一種不真實的感覺，不斷質疑現在的生活是不是真的，還是只是我的幻覺。但二〇〇九年四月二十日，坐飛機從蒙古抵達首爾的那一刻，我真正覺得自己踏進了夢境。

南韓的人跟我們說著相似的語言，但我聽到奇怪又陌生的詞語和腔調。北韓的時間停留在一九四〇年代，大家用來溝通的語言，以及當作共同認知架構的文化也一樣。來到南韓就像穿越了時空，這裡有高速鐵路、網路、穿牛仔褲的人（跟我們在盜版韓劇裡看到的一樣）。

我的功課一向不好，在北韓時從沒認真讀過書，到了南韓卻完全改觀，因為我得到一個機會，同時取得國高中同等學歷。

媽媽遭受凌辱的畫面深深刻畫在我腦中，我決定去讀刑事司法。這條路對我來說很艱辛，一來我的教育程度落後同年齡的人一大截，二來南韓的教育體制又是出了名的競爭激烈。南韓教育體制在全世界排名一直名列前茅，中學生的表現在全球數一數二。我發現南韓的小孩很在意學業，為了贏過同學，把空閒時間都排滿家教和補習。而我要趕上他們，只能把醒著的時間都用來念書跟大量閱讀。這樣的教育體制打造出高度專業的勞動力，以及全球前十大經濟體（按未剔除通膨影響的名目GDP排名），即便南韓幾乎沒有天然資源，人口比肯亞還少，在我們的記憶中，甚至曾是全世界最貧窮的地區之一。

儘管如此，南韓的教育體制並不特別歡迎外國人。首先，除了少數例外，學校課程都用韓文授課，而韓文又很難學，不但存在文化差異，還有一套名為「韓字」的獨特書寫系統。有趣的是，很多學科都要求學生學習英文，例如法律和醫學，但不是為了溝通，而是方便吸收英語教材及網路資訊。

除了文化和語言差異，南韓的外籍學生也表示學習量龐大，要跟上進度很吃力。我雖然來自北韓，在南韓人眼中卻跟外國人差不多，而且也讀得很辛苦。

在北韓營養不良、健康失調，影響了我的發育，因此我達不到南韓警察訓練要求的體能標準，於是我決定改念法律。很快我就發現，我也必須把英文學好。我去報名了首爾的密集家教班，他們會幫脫北者跟說英文的外籍志工配對，而我不只申請一個，而是同時申請了十個家教！這樣苦讀八個月之後，我認識了從莎士比亞到菲德烈克．道格拉斯（Frederick Douglass）等英美世界的偉大作家。道格拉斯是美國的廢奴主義者，曾經是黑奴，後來成功脫逃。我為他的自傳著迷，也從他寫給「舊主人」湯瑪斯．奧德（Thomas Auld）的信件獲得啟發。我不禁想，若要寫信給金正恩，我會寫些什麼（他父親金正日不久前才過世，繼任的金正恩持續統治北韓至今）。我想，或許我會學道格拉斯這樣寫：

> 我是我，你是你，我們是兩個不同但平等的人。你是什麼，我就是什麼。你是人，我也是人。上帝創造了我們，把我們變成不一樣的人。我不是生來就受你約束，你也不是生

來就受我約束。大自然沒有使你依靠我而存在，或使我依靠你而存在。我無法靠你的雙腿行走，你也無法靠我的雙腿行走。我無法爲你呼吸，你也無法爲我呼吸。我必須爲自己呼吸，你也必須爲自己呼吸。我們是兩個不同的人，各自擁有生存所需的各種能力。離開你時，我只帶走了屬於我自己的東西……

這段時間，有個名叫《現在去見你》的電視節目找我去錄影。這個節目其中一個製作人看到我上韓國教育廣播公司（ＥＢＳ）的節目接受訪問。《現在去見你》邀請脫北者（多半是年輕女性）上節目分享他們在北韓的生活和辛苦的逃亡過程。我不確定把自己的故事公諸於世是好是壞，但我想，上電視或許可以提高找到恩美的機會。「或許她會在中國的某個地方看到節目，然後想辦法逃到南韓。」我記得我是這麼告訴自己的。可惜天不從人願。但這個節目確實為我在南韓打開知名度。我開始上更多的媒體，提高大眾對北韓不人道統治的注意和認知。

之後幾年，我陸續接受了一些邀約，包括二〇一四年代表北韓到愛爾蘭參加世界青年領袖峰會。這是集合世界各地青年領袖的年度盛會。一開始，主辦單位邀請北韓派兩名代表來參加，但北韓推派了三位。主辦單位只提供兩人的住宿（和經費），但北韓堅持出席人數不能少於三人，因為他們無法信任兩個人會互相監視，反而可能共謀叛逃。但三人一起參加就能化解這樣的風險，因為可以由A監視B，B監視C，C監視A。主辦單位最後拒絕了他們的要求，決定改邀脫北者參加。我接到來電邀約，於是飛往都柏林赴會。

那場演講，我的情緒特別激動。我被要求穿上整套的韓國傳統服飾，所以我穿著粉紅色與白色的飄逸韓服走上台，傑出的華裔記者周柳建成說了一段發自肺腑的介紹。後來我們也成為很好的朋友。

那一刻，我覺得內心的某個部分開始融化。多年來，我被迫麻痺自己的感覺，壓抑自己的情感，告訴自己什麼事最好都漠然以對。當我站在台上，對著一千三百名青年領袖、來賓和媒體代表發表簡短的演說時，我決定不要照稿念。這次我要敞開心房，跟大家分享我的故事。

「北韓是個不可思議的國家……」我開始娓娓道來。我告訴台下的聽眾，小時候媽媽教我不能批評國家，就算是小小聲也不行，因為即使是小鳥和老鼠也會偷聽我們說話。我告訴他們，在北韓你可能因為打了一通未經許可的國際電話而被處決。「逃出北韓的那一天，」我告訴他們：「我看見原本看上我的中國掮客強暴了我媽。」淚水滑下我的臉頰。最後，我跟他們說，北韓難民在中國有多麼的脆弱無助。「有七成北韓婦女和少女成為人口販運的受害者，有時候只以兩百美元的價格售出……」

後來，我聽說這場演講在各大網路平台的全球觀看次數，加起來已經超過十億次。那時我才發現自己已經跨越了一條看不見的線。過去那個恐懼、飢餓、擔心受怕、連對小鳥和老鼠都要隱瞞內心想法的小女孩，已經消失不見。我必須跟她分道揚鑣，展開全新的生命，致力於捍衛人權及改善暴政受害者的生活，好讓父親以我為榮。

那樣的生活將在美國展開。

第一部

眾聲喧譁的國度

1 迷失在紐約

二〇一四年十一月，我來到紐約市，感覺就像登陸火星。前一年，我曾經跟基督教志工隊去過德州的泰勒市和喬治亞州的亞特蘭大，但紐約截然不同。紐約對我來說，不只是個陌生的城市，它根本自成一個世界。

我之所以來到紐約，是因為得到一個機會，出版社要我把在北韓的生活及逃到中國的過程寫成一本書。計程車載我離開約翰甘迺迪國際機場，沿著大中央快速道路行駛，然後爬上羅伯特甘迺迪大橋。夜晚的曼哈頓摩天大樓，看上去雄偉又嚇人。

在首爾的時候，我的生活很封閉，都在家裡、學校、《現在去見你》的攝影棚之間打轉。比起從小長大的惠山，南韓的生活並沒有讓我更懂得如何在現代都會裡闖蕩。二十一歲的我就這樣來到紐約，坐著車穿越大橋和隧道，迎向燈光、玻璃和鋼鐵組成的汪洋。

記得當時我心想，這裡的每棟建築都像要贏過下一棟、要比之前的建築蓋得更高，彷彿這座城市就是資本主義的化身。那些最宏偉的建築取的名字，更進一步強化我這種印象，例如洛克斐勒、范德堡、克萊斯勒、伍爾沃斯、川普、赫斯特、卡內基。路上所有黑黃兩色的車牌，都印著「帝國州」（譯注：紐約州的暱稱）。「帝國」無限宏偉，但是「州」的權力有限——美國典型的二元對立，我心想。

跟我的家鄉多麼不一樣！北韓唯一的雄偉建築、唯一的象徵符號，都只是為了成就一個人的造神運動，那就是北韓的最高領導者。雕像是他，紀念碑是他，大樓和街道以他命名，他支持的「思想」或「運動」也是。沒有人能跟他爭搶誰比較受矚目，更何況是偉大。紐約市卻剛好相反。它就像個巨大的棋盤，許多人來到這裡比試較量，每個人都在這裡留下自己的痕跡。

計程車把我在旅館放下來時，我才發現自己來到了時報廣場。

每次跟美國人描述我對時報廣場的第一印象時，都會引來一番訕笑，因為他們一想到時報廣場，只會想到垃圾、人擠人、庸俗、怪咖和觀光客。但對我來說，時報廣場令人讚嘆。北韓政府常掛在嘴上的一個口號是，有朝一日它會把美國變成「一片火海」，連續發射的核彈將「在黑暗中發出萬丈光芒」。站在時報廣場中央時，我覺得這裡已經著了火。來到晚上，巨大的ＬＥＤ螢幕把街道和行人的臉照得比白天還亮。亂歸亂，但亂中有序。燈光按照一定的規律有節奏地閃爍著，彷彿有個看不見的指揮，頻頻用流行服飾、百老匯表演、氣泡水，或一對金色拱門招攬路上的行人（那是我在泰勒市和南韓得到的印象，好像叫什麼「快樂兒童餐」？）。

惠山只有一個地方長年有電，那就是中央廣場的金正日雕像，那裡連晚上都會打光。其他地方，長達幾週、甚至幾個月沒電都很正常。蠟燭很貴，電池發電的手電筒很稀有。小時候，我跟朋友玩遊戲多半都在黑暗中進行。而此刻我卻置身於一片夜晚的燈海之中。

這一切的起點是因為我在世界青年領袖峰會發表的演講一夕爆紅。之後，非營利組織「聯合國觀察」（UN Watch）邀請我到聯合國第三十屆人權理事會上演講。我倍感榮幸，並打算利用這次機會，讓更多人知道金氏政權如何壓迫北韓人民。因為不明原因，我在會上跟北韓常駐聯合國代表團坐得很近，他們趁機用粗魯難聽的話羞辱我、恐嚇我。

這個時候，北韓政府已經開始散播我和我家人的惡毒流言，甚至讓我的親戚和鄰居在國營電視台上露臉，強迫他們用卑鄙的謊言指控我（那些影片最後都放上YouTube，直到今日仍可看到，並且在二〇二〇年秋天導致我揭露北韓違反人權的影片被貼上黃標，取消了廣告投放。詳細過程，之後的篇章會再提到）。

二〇一四年，世界青年領袖峰會召開之前，我在矽谷舉辦的一場「黑客松」結識了人權基金會的創辦人索爾．哈佛森（Thor Halvorssen）。這場黑客松由該基金會主辦，目的是要「破解」北韓。雖然我不是很懂「破解」（hacking）是什麼意思，但那次的經驗很有趣，我也因此跟一些人建立深厚的友誼。後來，我在挪威的奧斯陸自由論壇認識了另一個朋友，他告訴我美國移民體系有一個吸引特定人士前往美國的方案。我很有興趣，研究過後發現那就是所謂的「O－1傑出人才簽證」。我雖然對這個方案瞭解不多，但決定去申請看看。之前，我雖然到過德州和喬治亞州，但就像觀光客一樣走馬看花，從沒想過有一天我會到美國長住。

我永遠忘不了得知申請通過的那一天。不僅如此，我甚至得到成為「永久居民」的機會。那時候，我正在閱讀偉大的美國人權鬥士馬丁．路德．金恩和羅莎．帕克斯（Rosa Parks）的傳記，特別感到振奮。我的思緒飛轉，滿腦子都是該做好哪些準備，才能順利適應美國的生活。

因為我很喜歡紐約，也有朋友住在那裡，我沒多想就決定把那裡當作我的新家。

我的第一要務是繼續學業。在南韓和出外旅行時，我經常聽說美國的大學教育世界一流。因此我決定加入一個頂尖的學程，跟這個國家最優秀的人才學習。最後，我接受了哥倫比亞大學的入學邀請。這間大學享有盛名，我也聽說過它的許多豐功偉績，傑出校友的名單長之又長，包括第一位飛越大西洋的女飛行員愛蜜莉亞・艾爾哈特（Amelia Earhart）、股神巴菲特，還有當時的美國總統歐巴馬。二〇一六年一月，我終於踏上哥大的神聖土地，那一刻我欣喜若狂。

展開美國校園生活之前，首先我得先以北韓人的身分適應美國的嶄新生活。畢竟紐約日常生活的很多面向，跟我那時唯一熟悉的現實生活正好相反。

最令我震撼的莫過於食物的層面。

當年爸媽進勞改營服刑時，我跟恩美會去摘野生植物止飢。到了紐約，我發現周圍的人很愛吃青草和綠葉，而且還得花大筆錢去買，目的是為了減重。我難以理解他們這麼做，是因為已經罹患或擔心罹患**飲食過量**造成的疾病。我花了好幾個月，才理解「營養過剩」是什麼樣的概念。

有個朋友教我怎麼看食物上的營養標示，找到一份食物的卡路里、碳水化合物、糖和蛋白質含量。除了糖以外，其他成分我都不認識。我只知道朋友之所以為我解釋這些，是為了說服我別再吃我最愛的 Oreo 餅乾，因為那是「加工」食品，是「不天然」的食物。對我來說，天然食物（昆蟲和植物）不只噁心，而且吃再多也不會飽。「非天然食物」不但美味，而且只要吃得夠多就會有飽足感。像 Oreo 餅乾這樣的加工食品顯然是雙贏，哪有什麼壞處？

我跟恩美必須照顧自己的那一年，我們彼此約定長大之後要賺很多很多錢，這樣就可以吃麵包吃到飽。我們還會為了自己能吃多少麵包而鬥嘴。她說她可以吃一整桶，我說我可以吃十桶；她說二十桶，我就說**一百桶**。甚至多到**像山一樣高**都沒問題！

革命期間，金日成承諾要讓人民「每天都有肉湯和米飯」可吃。為了這個卑微的希望，朝鮮人把自己的權利和財產都交給了他。四分之三個世紀後，米飯和燉肉還是北韓人普遍的臨終心願。那也是我爸的臨終心願。

隔著七千哩的距離，在同一片天空下的我，如今卻要學習「飲食禁忌」。有天晚上，我去布魯克林找一個朋友，她問我有什麼「飲食禁忌」。「我不認為我有。那妳呢？」我問她。「我不吃乳製品、堅果，還有含麩質的東西。」她回答。我好奇地問她為什麼。她就事論事地說：「我對那些食物過敏。」我問她那是什麼，她露出驚恐的表情，這才發現我有多無知。她好心地幫我惡補當地人的各種禁忌，不只告訴我什麼是「藥物禁忌」（這方面很容易理解），也提到他們的「道德禁忌」（這就比較難以理解）。原來紐約有很多人不吃肉，甚至不吃跟動物相關的非肉食品。

我剛來紐約時認識的朋友都有一個共同點：他們看到我食量那麼大都很訝異。我最愛吃的是牛排——分量大又多汁且營養豐富的烤牛排。無論是一小塊菲力或一大支戰斧牛排我都愛。吃牛排對我來說是一件神奇的事。在北韓，牛享有的權利比人還多。由於不能擁有私人財產，所以牛不屬於牧場主人，而是國家的財產。就算是養牛人家也不能吃牛肉，因為牛肉都要保留給政府菁英。我媽告訴過我，有次她在惠山的市場目睹一個年輕人被處決，因為他未經政府許可就宰了一頭牛。在紐約，吃肉除了能大快朵頤，每吃一口，我都覺得自己在對北韓政府比中指。

另一個跟食物相關的衝擊，是美國崇尚苗條身材的文化。在南韓時，我就聽說紐約是個繁忙的大都會，每個人的步調都很快。第一次去中央公園時，我心想果然沒錯，美國人真的到處跑來跑去。他們究竟要跑去哪裡？我不禁納悶。後來我才曉得原來他們只是在繞圈圈跑步——在「燃燒卡路里」。

在中央公園跑步至少可以跑很大圈，但我發現有些商家專門提供辦公室大小的小圈圈讓人跑步，也就是「健身房」。大家願意花辛苦賺來的錢到一個小空間裡跑步，為的是甩掉身上的卡路里。從小到大，我只知道要「儲存」體力，這些美國人卻在白白消耗體力，甚至得自掏腰包！

我也認為美國人對美的想法很有趣。在北韓，大家覺得過重、禿頭和大肚腩很好看。事實上，肥胖在第三世界很多地方都是身分地位的象徵，代表你家境富有，生活優渥，等同開著一輛藍寶堅尼經過公園大道。但在美國，大家都想看起來纖細苗條，像挨餓的北韓人。當我看著「維多利亞的祕密」的廣告模特兒，很難理解大家怎麼會覺得她們漂亮。所有模特兒都一副營養不良的樣子，差只差在她們都很高（北韓人因為營養不良，而且缺乏維生素及礦物質，有數百萬人平均身高硬是比同文同種的南韓人矮了三到五吋）。

撇開身體健康不談，美國人對**心理健康**的態度也相當有趣。我的經紀人一開始就建議我去找個治療師處理我的「創傷」。我對那些概念很陌生，因為北韓沒有對應的用語（只有用來描寫「我們最幸福」的「社會主義天堂」的形容詞和同義詞，沒有「暴政」、「創傷」、「憂鬱」，甚至「愛」之類的詞彙）。因為缺少形容情感或現象的詞語，很容易傻傻過日子，甚至根本不知道這些事物的存在。極權政府也非常清楚這個事實。

因為如此，當我得知這些「營養過剩」的新朋友和新同事似乎也有屬於自己的「創傷」，而且很多人正在接受專業治療師的幫助，我就更糊塗了。我覺得自己一定是狀況奇佳，根本不需要治療，才覺得別人這麼奇怪。就算我真的「受創」，好不容易熬過來卻得花錢抱怨給別人聽，而不是把它轉化成正面的力量，這麼做的意義何在？有一些我在美國認識的新朋友搞懂了我的不解，後來甚至會幽默地自我解嘲，說自己的心理問題是「第一世界限定」。

另一個令我傻眼的是金錢觀。我在紐約認識的很多人都從事金融業。這在沒有金融系統、私人財產制或市場的北韓，是不存在的行業。我爸灌輸給我的唯一金錢觀就是絕對不要欠人錢。北韓雖然禁止大部分形式的私人財產和金融交易，卻有許多「私人借貸者」靠著借人錢和每月收取利息致富。

我父母有時會跟這些放高利貸的人借錢周轉，但黑市價格崩盤之後，他們的很多商品都被沒收或偷走，一時還不了錢，即使金額相當於兩美金不到。每天晚上，我們簡單解決晚餐時，就會有人上門討債。他們當著我跟姊姊的面，怒吼、威脅我爸媽，後來我爸終於忍無可忍，才會決定從事更危險的走私——偷運銅、鎳、鈷等貴重金屬到中國。這個決定最終也導致我們逃離北韓。「研美啊，」有天他跟我說：「絕對不要跟人借錢，無論日子有多苦。一旦負債，妳就會失去尊嚴。」

而在美國，金融跟前面提過的飲食、苗條和美的概念一樣，都與北韓天差地別。聽別人熱切地討論投資觀念或華爾街的最新狀況，對我而言就像聽人用火星文對話。「什麼是私募股權基金？什麼是避險基金？什麼是股票？」我發現在美國（和世界各地），大家會交易**不存在於實體世界**的東西。哇，這我就不懂了。在北韓，黑市裡交易的東西都是你可以拿在手裡的實際物品。大家用看得到、摸得到的商品換取現金，就這麼簡單。指數股票型基金（ETF）、指數型基金，甚至比特幣（救命啊！），這些概念完全超出我的認知範圍。因此我決定，要認識這個美麗新世界的唯一方法，就是閱讀我能弄到手的所有資訊，拚命地學習。

再來還有種族。在北韓，我們都被灌輸自己屬於金日成族。從小到大，我不知道自己是「亞洲人」，也不知道「亞洲」是什麼。我就是偉大領袖的千千萬萬子孫之一。

到了紐約，我遇到了阿拉伯裔美國人、非裔美國人、歐裔美國人、亞裔美國人、猶太裔美國人。我對於套在每個族群的種族和文化刻板印象一無所知，也對不同種族之間的細微差異以及各個種族的歷史背景毫無概念。仔細想想，當時的我就像一個有趣的社會科學實驗。把一個對當地的種族概念和種族歧視全然陌生、有如一張白紙的二十一歲女孩丟到紐約市，會發生什麼事？

從我的角度看來，美國就像傳說中的文化大熔爐。各式各樣的人在這裡一起生活、工作、互動、相愛、共存。美極了！但這將是一段漫長而艱辛的學習過程，後面的篇章我會再詳述。

因為當時我對美國不同種族之間的緊張對立毫無所覺，所以剛抵達的頭幾個月，我印象最深的是這裡的人對身障人士展現的愛心和包容。我從小在北韓鄉下長大，看過很多為國家工作而身體傷殘的人，從平壤被放逐到窮鄉僻壤自生自滅，政府甚至會用「病體」這樣的名稱羞辱他們。此外，當局也會定期羈押患有侏儒症等先天性疾病的人，把他們關進集中營進行絕育手術，隔絕在基因庫之外。

在美國，我發現人行道有部分保留給坐輪椅的人通行；每棟大樓除了樓梯，還有坡道和電梯；從廁所到公共運輸，到處都有供行動不便者使用的特殊設施。後來我得知，這是美國國會在一九九〇年通過的美國身心障礙者法案留下的德政。

多麼不可思議的構想！在歷史的某個時刻，美國的身障人士和年老體弱者自動自發組成公民團體，遊說他們選出的民意代表，說服國內同胞撥出辛苦徵來的部分稅收，幫助行動不便的人生活得更輕鬆。他們達成了目標。就我所見，這個決定已經完全受到大眾的認可。這件事本身就非常神奇。

為身心障礙者提供便利設施，這只是生活的一個小面向，卻代表了我愈來愈欣賞美國的一切：民主、自主、公民參與、創業精神、團結，還有愛心。

然而，往後四年，我在哥大的老師和同學卻極力說服我，以上一切都是謊言。

2 哥倫比亞女神的墮落？

位於曼哈頓上西城晨邊高地的哥倫比亞大學校園，是我看過最令人讚嘆的美景，更勝耀眼的燈光和摩天大樓，更勝大橋和河流。從首爾來到紐約，這裡所有的一切在我眼中都雄偉無比，但哥大的美屬於另一種層次。走在校園裡，我覺得自己彷彿要被淹沒一般，有點心驚膽戰。在寬廣又錯綜複雜的方院和建築中穿梭時，我時常目瞪口呆，還得提醒自己要閉上嘴巴。哥大雖然不像曼哈頓市區一樣摩天樓林立，但校園之宏偉壯觀，同樣讓我覺得自己好渺小。

勞紀念圖書館是一個例外，前面的智慧女神青銅像展開雙臂，垂下眼簾看著我，彷彿在邀請我把眼光放遠，投入比自身更遠大的目標，把這裡當作自己家，感覺自己真正屬於這裡。八歲那年，到平壤參觀萬壽台大紀念碑（金日成和金正日的巨大青銅像）時，我只覺得害怕，而這正是他們想達到的目的。但抬頭看見智慧女神美麗的臉龐、和善的眼神和溫暖的雙臂，我覺得很安全。以後我要把她當作我在這片新土地上的「養育之母」，即使只是象徵層面上的，也別具意義。

哥大是美國少數比這個國家本身還古老的機構。一七五四年成立，比獨立宣言早二十二年，比美國憲法早三十三年。原本名為國王學院，依照喬治二世國王的「王室特許狀」成立，在三一教堂的場地授課。後來我才知道，一七八四年、也就是美國革命之後，校名才改為哥倫比亞學院。當時擔任學校董事的亞歷山大・漢密爾頓（Alexander Hamilton）和約翰・傑伊（John Jay）是更改校名的重要推手。許多人以為「哥倫比亞」單純是指「跟克里斯多福・哥倫布相關」，但這種解釋有失完整。

哥倫比亞女神是美國的擬人化形象，是女版的山姆大叔。典型的形象是一位年輕美麗的女性張開雙臂，或是高舉火炬，照亮通往應許之地的道路。畫作中呈現的則往往是一個面容嚴肅的女人，嘴裡含著一抹淡淡的會心微笑，從容自信又撫慰人心，儼如美國版的蒙娜麗莎。

革命藝術創作中，到處可見一名美麗女性舉起手反抗強權的標誌。高舉旗幟、帶領士兵越過障礙的瑪麗安娜（或自由女神），是最能代表法國大革命的形象，至今也仍是法國的擬人化象徵。俄國內戰時，反布爾什維克勢力的白軍使用了「俄國母親」這個形象，後來布爾什維克黨人又利用同一個形象來反抗希特勒。一百三十七年來，來到美國的移民屏住呼吸，盼著一睹上紐約灣龐然逼近的自由女神像（一襲長袍，鏽跡斑斑）。

我最喜歡的哥倫比亞女神形象，既不是繪畫也不是雕像，而是菲莉斯·惠特利（Phillis Wheatley）寫的一首詩。詩名為〈華盛頓將軍閣下〉，寫於一七七六年美國獨立戰爭期間，詩中捕捉到哥倫比亞女神的精髓，以及她的角色所象徵的力量、希望和自由。

世紀輪轉，命運無常，
哥倫比亞的怒火震撼高盧強權；
誰敢侮辱這片自由之地，
這支上天庇佑的種族，也難逃這把熊熊怒火！
各國都在緊盯著天平的走向，
願哥倫比亞的力量奪得勝利。

惠特利一七五三年出生於西非，後來被賣到波士頓當奴隸，是第一位在美國出版詩集的非裔美國人，在當時的倫敦和北美殖民地都獲得肯定，她的主人也因此釋放了她。她的三名子女都早夭，她則在三十一歲過世，死時生活貧困，沒沒無聞。

美國歷史上充滿這一類兩極化的生命故事：悲慘和勝利、壓迫和解放、失敗和成功、善與惡，全部平行並存，一如人心。一名西非黑奴的文學才華能夠被發掘，是美國的不凡之處；最後她悲慘以終則是美國的悲哀之處。無法同時正視這兩件事實，我們就不可能理解美國的歷史或美國的特質。而我萬萬想不到的是，哥大卻想盡辦法抹去這樣的事實。

新生訓練這一天，我興奮不已。能夠成為常春藤名校的學生，對我來說是無上的光榮！親眼目睹北韓的共產意識形態跟經濟實況的巨大差距、中國農村和經濟快速發展的都市之間的鴻溝，以及南韓的資本主義奇蹟，我早就決定要主修經濟。但哥大學生除了主修課之外，也必須修「核心」課程，也就是涵蓋歷史、科學、藝術和人文學科的通識科目。我的美夢成真了——卻跟我當初想的不太一樣。

新生訓練第一天，通識中心的一名教授問新鮮人和轉學生，有沒有人喜歡珍．奧斯汀的作品。我很快舉起手，用還很破的英文說，我覺得她創造的角色距今雖然已經兩百年，我卻可以馬上跟書中人物產生共鳴。「那妳就錯了。」老師說：「她的書鼓吹女性壓迫、種族歧視、殖民主義和白人至上主義。」當下我沒有生氣，甚至不覺得困惑，以為自己**一定是**誤解了她的意思。我的理解能力還有待加強，所以決定待會再問問新同學，教授所指為何。但接下來教授明白指出：「珍・奧斯汀的作品宣揚女性比男性低下的觀念，認為只有白人男性發展成熟，可以進行較高層次的思考，而人只能藉由基督教的教條才能獲得救贖。」她還說，奧斯汀跟殖民時期的所有白人作家一樣，支持白人至上主義和種族主義。她最後說的一句話，令我永生難忘：「這就是我們尋找隱而不見的結構性種族歧視和壓迫的方式。」

在惠山的課堂上，老師常提醒我們要仔細尋找敵人滲透的隱藏跡象，也就是躲在所有問題背後興風作浪的美國壞蛋。糧食短缺，電力不足，爸媽在半夜失蹤，全都是美國壞蛋搞的鬼。你或許看不到、聽不到他們，但美國壞蛋無所不在，甚至躲在我們呼吸的空氣裡。

我很期待上的一門核心課程是「西方音樂經典名作」。我在南韓就發現了貝多芬和蕭邦，最愛的是鋼琴奏鳴曲。貝多芬的音樂尤其動人心魄，我跟兩百年來的許多人一樣，聽他的音樂總會產生一種超脫世俗的感覺。我聽說貝多芬是西方音樂從古典時期進入浪漫時期的承先啟後者，很好奇無歌詞的音樂被視為「浪漫」是什麼意思。想也知道北韓政府完全禁止「浪漫」的概念，因為當局唯一認同的愛，是偉大的領袖和人民之間的愛。我對情侶之間的「浪漫愛情」的認知，多半來自盜版電影和影集，但音樂裡的「浪漫」又是什麼？我迫不及待想知道。

上第一堂「西方音樂經典名作」時，教授問大家，對「西方音樂」有意見的人請舉手。有了上次珍．奧斯汀的經驗，看到班上每個同學都不約而同舉起手，我不再像上次那麼吃驚，但還是很困惑。大家是反對音樂本身，還是創作音樂的人，還是「西方」這個詞？難道是「音樂」二字？誰知道呢。教授請一名同學解釋原因。對方說，歐美白人把有色人種的作曲家和音樂家消音並排除在外，所以稱「西方音樂」或「西方經典」毫無意義可言，只能稱之為「白人經典」。講師表示認同，但也表示他沒有修改核心課程的權限。

我在這些神聖的教室還有點膽小害怕，但這時候我開始覺得有點不悅。於是我舉起手，大膽地說，我認為如果當時他們這麼看待自己的話，稱呼他們西方音樂家並無妨，況且無論如何，我們都可以欣賞他們的音樂才華，也能藉此認識他們身處的動盪時代和走過的複雜生命。教授聽到明顯是新移民的年輕女孩，用一口破英文說出這番溫良的言論，便當著所有新同學的面對我說，我可能已經被「洗腦」了。當下我很想哭，但不是因為傷心、害怕甚或難堪，而是覺得挫敗。

這還只是剛開始。在一堂人權課上，我們的老師（博士候選人）教我們，男性的暴力與生俱來，這種「有害的男性特質」幾乎滲透他們的行為、人際關係和男性管理的機構。老師甚至舉男性幫女性開門為例，說明男性如何利用權力和暴力對女性傳達「誰才是老大」的信號。

鬼話連篇，我暗自心想，這次我真的被惹毛了。我舉起手告訴老師，身為女性，我會幫男性**也會**幫女性開門，但不是因為我想操控他們，而是父母教我這是一種禮貌。我還說，男性利用體能優勢來操控和壓迫女性的所有方法中，可能不包括開門這一項。專心聽我說完之後，老師回答我，因為我是新移民，大概還不熟悉新文化中男女互動的細微差異和微妙之處。接著，我試圖把討論範圍縮小，指向我們應該都不會反對的一件事：基於生理上的差異，大多數男性自然比我更能搬重物，畢竟我身高五呎二吋，體重才八十磅（三十六公斤）。她接著反駁我，我不相信自己的體能不輸給男性，就是被性別歧視文化洗腦的結果，並再次強調，我還不熟悉美國社會性別關係中的各種細微差異。

某方面來說，她說的其實沒錯。目前為止，我只用自己的眼睛和常識推論，男女大致上是平等，但不同的。男性更擅長搬重物、獨處，喜歡抽象思考，女性則更擅長一心多用、團體合作、與人相處。當然有很多例外，但研究多半證明，一般而言，女性的語言表達能力、感受力、準確度和精細動作技能比男性好；男性的空間感、工作記憶和數學能力則優於女性。

我不熟悉的是「新文化中——在學院內，男女互動的細微差異和微妙之處」。而這些**一定**要經過學習才會瞭解，因為既不明顯可見，也不是憑直覺就能得知。老師問我何以確定自己無法跟男性一樣搬起同樣重量的磚塊。我答說我的體重只有八十磅，而且確實不假，然後就沒再多說。

在哥大的四年期間，人文學科教授一再要求我們證明自己有多「覺醒」（woke）。我們必須努力保持覺醒，學會找出所有罪行和問題後面的白人男性混蛋，甚至連我們呼吸的空氣也不能放過，不然就跟那些故意深化社會不公義的人沒有兩樣。幸好對樂於接受這套理論的學生來說，要做到很簡單。問題永遠可預測，答案永遠早已想好。學生應該重複老師的教誨，而不是自己任意詮釋。我們來這裡是為了記憶和背誦，不是為了破關和理解。及格和優秀之間的差異，不在於準確度和創造性，而是熱情與激昂的程度。及格和被當之間的差異，在於願不願意批評常見的標靶（資本主義、西方文明、白人至上主義、結構性的種族歧視、壓迫弱勢、殖民主義等等）。比成績差還糟糕的是，被同班同學貼上「SIX HIRB」的標籤，也就是性別歧視、排斥異己、仇外、恐同、仇視穆斯林、種族歧視偏見狂。

我還清楚記得小時候在北韓上學時，有個老師要我們回答一加一等於多少。我的功課一向不好，好不容易碰到一題會的，便趕緊抬頭挺胸回答：「二！」老師卻說「錯！」，並接著解釋我們敬愛的領袖的偉大理論。金正日跟我們一樣還是小朋友的時候，就成為史上發現宇宙真理的第一人——數學全是憑空捏造的。他說，假如把一滴水跟另一滴水加在一起，你不會得到兩滴水，而是一大滴水。

這套折磨人的理論有兩個目的：一是從小就教導小孩，把這套明顯錯誤的白痴理論當作事實（連小孩都不會相信兩支棍子加起來是一大支棍子，但你可以嚇唬他們，強迫他們接受這套歪理）；二是教導小孩他們不是個體。一個人加一個人不等於兩個人，兩千一百萬人合起來也不等於一個社會。在北韓，唯一的數字是一：一個領袖領導一個民族。

我已經可以聽到我的美國朋友翻白眼翻到後腦杓的聲音。但我想請問你，親愛的讀者，這套理論雖然很扯，但相較之下，常春藤名校教十八歲青少年的東西就**比較**合理嗎？學校灌輸我們，性別是白人男性強加在我們身上的社會建構；科學和數學本身也是白人男性的發明，目的是要進一步鼓吹白人至上主義；科技的目的不是改善生活，或是拓展人類知識和能力本身的極限，而是菁英階層奴役大眾的工具；誕生於中東沙漠的基督教是白人的宗教，其唯一目的就是藉由科技馴化他們征服的原住民族（蠢到極點的是，竟然沒提到天花）。

我很難不聯想到北韓對基督教和所有宗教的迫害。那裡的共產主義基本教義派把宗教視為「人民的鴉片」（借用馬克思的話），但金氏家族卻又抄襲基督教的核心敘述來達成自己的政治目的：金日成是神（聖父），他的兒子金正日是耶穌基督（聖子），他把自己的兒子獻給我們。

一切的一切都令人大失所望，而這還只是保守的說法。世界第一強國的頂尖大學，怎麼會教學生討厭自己的同胞？這種破壞性論述背後的動機是什麼？美國大學的使命，難道不是訓練能獨立思考的個體懂得應對進退、待人接物，並且進行公開的討論？

可以肯定的是，這對我來說會是**非常漫長**的四年。

3 安全空間的假象

現代教室其實是古老時代的產物。當時，教育的主要目的是為成年後要進入工業社會的兒童和青少年預做準備。學生通常很懵懂無知，坐在一樣的課桌椅前，隔著一樣的距離，對著同一個方向，每天在同樣的時間接受同一個老師的教導。這種極度不自然的安排，在二十世紀初有它的道理，因為年輕人確實需要經過一番訓練，才能進入大規模的商業社會，並找到作業員或辦事員的工作。

美國和其他西方社會利用教育，幫助人民融入工業化、資本主義、民主制度的社會，獨裁政權則是把它當作理想的政治教化和意識形態宣傳工具。即使在民主社會裡，教室也是一群容易被左右、難逃國家階層意識的學生單向接收資訊的地方。學生被期待接受老師傳達的概念，而不是對抗這些概念或提出自己的概念，同時也要將所學內化，這樣才能一生受用。當學生必須耐心坐在課堂上聽講，還要背誦並熟記內容時，只要「學習」內容是數學、生物、英國或美國歷史，就沒問題。但要是把科目換成「金日成思想」，你就會看到問題所在。

在西方，傳統上避免這個問題的方法，就是忠於啟蒙時代的教育理念。十八世紀動盪不安的啟蒙時代，小學和大學重新提出一個革命性的概念，那就是批判性思考。這確實是「重新提出」，而非全新的概念，因為蘇格拉底的提問式教學和集思廣益式學習，已經有幾千年的歷史。當歐洲陷入崇尚迷信和教條的黑暗時代，穆斯林學者成了蘇格拉底教育的傳遞者。儘管如此，西方世界終究會浴火重生。

受到文藝復興的理想鼓舞，伏爾泰、皮埃爾・貝爾（Pierre Bayle）和狄德羅等法國思想家掀起了歐洲的啟蒙運動。他們把一個前提當作起點：人類的腦袋若受到理智的控制，就會是理解自然法則的最佳工具。最重要的是，他們跟柏拉圖和蘇格拉底一樣重視知識交流，認為所有意見都要受到嚴肅的分析和嚴謹的質疑，即便是所謂的權威意見也是。他們相信，唯有透過如此嚴格的討論，有價值的想法才會浮現，瑕疵也才會攤在陽光下讓所有人看見。換句話說，攤在陽光下是最好的消毒方式。

在今日的美國，有多少家長能認同在小孩的課堂上出現這種批判性思考的傳統？美國很多校園再也不容許不同的意見互相較勁，或彼此公開挑戰。不受青睞的講者在講座或會議中常被嗆聲、嘲弄或消音，許多學校甚至為了安全考量，不再邀請客座講者和講師。這樣的發展有點黑暗時代的味道。

我來到美國，是想親眼看看這裡的人民對美國憲法第一修正案有多崇敬及熱愛。但或許生長在這裡的人很難理解那是多麼激進的概念：**國會不得制訂法律創立宗教、妨礙宗教自由，或限制言論自由、新聞自由，以及剝奪人民和平集會及向政府請願申冤的權利**。

對一個來自北韓的難民來說，這個條文是自由的根本核心，代表一國的文化和政治成就。人類竟然不只把這樣的理念寫成白紙黑字，甚至把它訂為千千萬萬人必須遵守的法律，對我來說太不可思議了。

然而，這卻是哥大教授教學生（有時在潛意識裡，有時公開）痛恨的一條法律。

除了珍·奧斯汀事件，我在哥大進行新生訓練時，還有另一件事刷新我的三觀。學校職員以幫助新生「融入」大學生活為名，在教室裡到處走動，為大家解釋哥大各種政策中的主幹——學生版的行為守則。學校的宣傳手冊上誇口說要培養全方位的知識分子，實際上卻非如此。學校念茲在茲的目標只有一個：維持課堂的「安全空間」。

我非常不解。我知道紐約曾經暴力犯罪猖獗，但哥大校園、宿舍、校舍、住宅公寓給我的印象非常安全，哥大所在的晨邊高地也環境宜人。然而，我很快就發現，原來老師們所說的「安全」不是字面上的人身安全（儘管「字面」二字被誤用很多次），而是指所有學生在**情緒上**或**精神上**都有不受侵犯的權利。好幾位老師都提到「心理受創」的危險，為的是要含蓄地解釋（卻又長篇大論！），為什麼哥大課堂上不准使用蘇格拉底辯證法。

哥大的學生行為守則，讓我想起喬治．歐威爾的《動物農莊》裡提到的七誡。書中的動物會傻傻地背誦七誡，既不知道它們真正的含意，也不知道這些規定會引發什麼後果。

凡用兩條腿走路的都是敵人。

凡用四條腿走路的，或有翅膀的，都是朋友。

所有動物不得穿衣。

所有動物不得睡床。

所有動物不得飲酒。
所有動物不得殺害其他動物。
所有動物一律平等。

除了震驚，我也有點不悅，最重要的是無聊到要發瘋，所以就把旨在「打造安全空間」的新生訓練剩餘的時間，用來幫我的新學校想一套歐威爾式的七誡：

凡意見不同或沉默者，都是敵人。
凡意見一致者，都是朋友。
所有學生不得開口冒犯他人。
所有學生不得觸碰他人。
所有學生不得侵犯他人的安全感。
所有學生不得稱讚美國。
唯有白人男性才自由。

好笑歸好笑，但我還是很怕自己不小心侵犯到同學的安全感而被趕出去。老師說的話如此籠統，守則也解釋得不清不楚。假如任何話語或行為都可能害人覺得不舒服，而這樣的理由就足以遭到懲戒，在我不知道誰是誰或他們心裡在想什麼的情況下，要如何預料誰會因為什麼事而受傷難過？

行為守則之後是一連串的「性教育工作坊」（強制參加）。大家一起看影片，聽冗長的演講，主題是成年人之間的性行為。因為我跟我媽在中國經歷的那些事，一開始我對這部分抱著樂觀的期待，而且對於哥大這麼用心確保學生的**人身**安全非常感動。然而，聽到老師描述以下情節，我的心涼了半截：兩名學生出去約會時喝了酒，口頭說好要發生親密關係，後來也真的發生了。隔天，女生指控男生強暴了她，因為她喝醉之後答應的事不能算數。老師問我們，那麼的話，這樣算強暴嗎？

我猜讀者已經猜到他們的答案，還有我因此有多麼強烈的受辱感。

大一慢慢過去，我修了更多課，繼續我的學業，但情況卻愈來愈離奇。有一次，一名教授寄電子郵件給上課的學生說，假如指定閱讀的內容觸動你痛苦的記憶或不舒服的感覺，你可以不要讀完。「甚至不用來上課，」信上還說：「也不要覺得你有義務解釋你為什麼不舒服。」學校還宣布新政策，從此以後學生可將情感支持動物帶進校園，甚至鼓勵他們帶進教室。我記得有次上課時，有位同學的狗一直舔我的鞋子，除了笑我也無可奈何。

教授和行政人員跟我們說話，都把我們當成小孩，許多學生的行為舉止也因此很像小孩子。跟我同年、但體型整整大我一倍的同學，外表雖然身強體壯又營養充足，有時談到自己內心深處的感受卻淚流滿面，但那跟我們原本要學習的東西似乎毫不相干。一場關於荷馬的演講會，以某個白人學生控訴殖民主義告終。一堂探討政府的課，最後變成兩個學生在比誰更挺LGBTQ社群。在南韓讀刑事司法那幾個月，我從不知道不公義可以靠著憑空捏造新的不公義來對抗。

實際上，哥大的「安全空間」就是菁英階層用來約束意識形態異端的代碼。我想像的哥大是各種想法的匯聚之地，學生在這裡，有創新思考、突破現狀、創造更好未來的無限可能。在這個脈絡下，「安全空間」指的應該是一個可以放心表達意見、不用擔心遭到報復的地方。相反地，實際上它指的卻是一個「感受才不管事實」（把班．夏皮羅〔Ben Shapiro〕的那句名言翻轉）的地方。我開始擔心，我求學的地方不是我以為的追求真理的途徑，甚至剛好相反，只會通往某種偏執的狂熱。

你或許覺得我言過其實，但想想大多數課程的第一堂課，教授要我們自我介紹時，不只要我們說出自己的姓名、從哪裡來，還有我們的代名詞。我知道「代名詞」在文法上表示什麼，卻怎麼也想不通，每個人都有自己偏愛的代名詞是什麼意思。根據我在南韓上的英文課，人稱代名詞有 I、you、he、she、it、we 和 they，受格是 me、you、him、her、it、us 和 them；所有格是 mine、your / yours、his、her / hers、its、our / ours 和 their / theirs。人稱代名詞用在陳述句和命令句，但疑問句就要用疑問代名詞（例如 who、whom、what）。這些我都記憶猶新，而且背得滾瓜爛熟。

但南韓的家教顯然太落伍，教我們的是一四五〇年到二〇一四年使用的英文文法，沒跟上最新潮流。現在英文總共有七十八種性別代名詞。有些聽起來很怪，就像美國人在模仿德國人說話卻失敗了，例如 Zie / Ze（取代 he / she）。有些讓人想起拉丁文課學的繞口令，例如 Ver / Vis（取代 his / her）。我個人最愛的是 Xe / Xem 和 Xyr（取代 they / them / theirs），看起來和聽起來都像門德列夫的元素週期表。其中大多數都跟英語思毫不像。要把英文練好，對我來說已經很不容易，開口時我總是怕怕的，現在又多了可能因為弄錯同學的代名詞而冒犯對方的風險，無論我多麼努力記住都一樣。這些已經夠令人困惑了，偏偏光是觀察同學的外表顯性特徵，也無法猜到他們偏愛的代名詞。

我永遠忘不了以下親身的經歷。有個同班同學是生理男性，自我認同的性別是「流動的」，偏愛 they / their 代名詞，此人因為我不小心誤用了 he 而生氣。我老是犯文法錯誤，同學都很清楚，但都不忍心糾正我，因為一看就知道我是新移民。但這個同學例外，一下課他就跑來教訓我。我想告訴這個脆弱的靈魂，北韓生活和美國生活的差異，但我當然沒有。事實上，從他眼中我看得出來他在受苦，那不是裝出來的，而是真的活在痛苦之中。這些人真的覺得受傷，受到壓迫，受到威脅。其實我很同情他們。記得小時候，我因為被老師洗腦，所以真的相信敬愛的領袖能看穿我的心。即使從北韓逃到中國，我依然如此相信。一直到抵達南韓，我才知道金氏家族不是神，他們無法看穿我的心。

我說自己完全能夠同情、同理和理解那位同學是真心的。我無法怪他們跟現實完全脫節，甚至覺得自己有權利跑來指責我固執己見，即使我只是個不小心犯了錯的新移民，而根據我過去所學，那甚至不能算錯。這位同學不過就是迷失了方向，徹底與生活脫節，對於什麼是公義或不公義毫無概念。而這可能甚至不是此人的錯。

幾年過去，二〇一九年我到溫哥華的 TED Talk 發表演說，我決定把這當作我的題目。很多人以為人類天生就知道何謂公義或不公義，每個人從出生就具有健全的道德良知，能清楚辨別是非對錯。我認為事實並非如此。

只需回顧一下人類的歷史，就知道歷史上充斥著暴力、犯罪、飢餓和壓迫。正義的概念，並非高度進化的靈長類動物與生俱來，而是人類文明獨一無二卻不太穩固的成就。默許奴隸制度才是人類的「原廠設定」。若是沒有啟蒙時代，就不會出現反原廠設定的廢除黑奴運動。

住在北韓時，我徹底被洗腦，相信金氏家族就跟我們一樣餓肚子，因為從小大人都是這樣教我的。直到有個南韓朋友對我指出，金正日的肚子又大又圓，我才意識到他不可能餓肚子。換句話說，儘管三歲小孩都看得出來，必須有人教我用**理性**去推論金正日其實身材肥胖。

因為如此，摧毀批判性思考才會如此危險。如此一來，我們就會失去人類獨有的思考能力，屈服於群體迷思（groupthink）。而群體迷思就是世界上所有極權主義社會得以存在的先決條件，我爸最後就是被極權主義社會擊倒的。

來到世上二十九年，我漸漸學會欣賞這個世界的變化無常。事實上，美國軍方還有特別用來形容這種不可預測性的縮寫：VUCA。V（volatility）是易變性，U（uncertainty）是不確定性，C（complexity）是複雜性，A（ambiguity）是模糊性。VUCA原本是用來形容後冷戰時期的世界情勢，後來則用來代稱所有讓人感到不確定或不安的因素。尤其到了現代，日常生活的複雜性和不確定性高到大多數人都開始覺得難以理解，也不想理解，因為太累了。

專制政權很瞭解VUCA狀況下的生活有多混亂。所以他們要做的第一件事，就是藉由一個虛構的故事把人民的生活簡化。以北韓為例，跟繁榮富庶的南韓幾乎一模一樣的土地和種族，怎麼可能爆發週期性饑荒，導致民不聊生？很簡單，都是美國壞蛋害的，幸好敬愛的領袖拯救了我們，保證我們比誰都幸福。

當我比較能發揮寬容和慈悲的時刻，我可以看出哥大很多同學都因為自己感受到的VUCA而痛苦煎熬。二〇〇八年的金融危機記憶猶新，就業市場變化不定，大學文憑不再像過去那麼值錢。紐約是個繁忙、有時也令人害怕的城市，犯罪率高，生活條件不總是盡如人意。此外，考試當然壓力沉重，讀書很辛苦，臨時抱佛腳剝奪了睡眠。而複雜的世界就在外面等著我們！但哥大教授沒有充實我們的裝備，教導我們堅毅不拔的精神，以迎接學院象牙塔外的多變世界，反而致力於強迫大家照他們的理論把一切問題簡化。覺得疲憊、壓力大、有點害怕未來嗎？那是因為你被國家體制給操控了。而這套白人建立的體制，目的就是要你屈服於它。唯有摧毀這套體制，你才能得到平靜、安穩與自信。

這套理論就這樣重複放送了四年。

哥大的校訓是：In Lumine Tuo Videbimus Lumen。這句話借自新約聖經的〈詩篇〉第三十六章第九節，原文是拉丁文，意思是：借汝之光，得見光明。但我所知的哥大並沒有在這世界或人類身上看到光明，反而只看見黑暗。而我知道，那並非事實。

4 偽善的菁英

一九五八年，英國社會學家及政治家麥克．楊（Michael Young）寫下《菁英制度的崛起》（*The Rise of Meritocracy*），此後這本書成為一部經典。書中批評了戰後公共教育制度的三分制（譯注：英國戰後推動的中學教育制度，將學生依照考試成績分配到文法中學、技術中學及現代中學就讀），用諷刺的手法描寫了一個英國的反烏托邦。在這個反烏托邦裡，「才德」（merit）取代階級，成為畫分社會的主要方式，一個由掌握權力的菁英階級和毫無權力的下層階級組成的社會也因此形成。這本書常被誤讀為對「菁英」的批判，但它其實是一則警世預言：受過教育並掌握技術的菁英階級，將運用手中的權力把平民大眾踩在腳下，而後者永遠無法打入菁英階級。

過去幾年，我有不少認識美國菁英的機會。在世界青年領袖峰會上的演講爆紅之後，我開始收到很多邀約。許多富有又有影響力的人請我去發表演講，或分享我的人生和理念。一開始我受寵若驚，但這些邀約似乎來得太早也太頻繁。其中很多人的名字，我都不認識，後來發現是自己有眼不識泰山時，簡直又驚又窘。

二〇一四年十月，我還在奧斯陸參加自由論壇時，就接到一個名叫傑夫．貝佐斯寄來的邀約，此人來自一家叫亞馬遜的公司。這兩個名字我都沒聽過，所以我就以之後會很忙碌為由（其實沒有！）推掉了邀約。我也受邀到很多研討會演講，包括蒂娜．布朗（Tina Brown，《野獸日報》新聞網站的創始主編）主辦的世界婦女高峰會。在會上，我被安排在希拉蕊．柯林頓之前上台。在南韓時，我常在新聞裡聽到這個名字，當時她是美國國務卿。其他講者包括《每日秀》的喬恩．史都華（Jon Stewart）、知名女演員梅莉．史翠普，還有當時的美國駐聯合國大使薩曼莎．鮑爾（Samantha Power）等政治人物。

這場會議對於我以及我對世界的理解，是一個重要的分水嶺。在那之前，我以為國際社會對北韓人民不聞不問，是因為他們對北韓的狀況**一無所知**。畢竟七十多年來，經由合法管道前往美國的脫北者才兩百人左右，而北韓境內的人都無法跟外面的世界交流。收到邀約之後，我下定決心要利用這次機會，跟台下的尊貴聽眾分享北韓的實際狀況，如此一來就能激勵有錢、有權也有影響力的歐美人士採取行動。至少我相信他們會把各種血淋淋的事實散播出去，包括發生在北韓的現代大浩劫，還有中國共產黨一直在助長和支持這場浩劫，目前仍有好幾萬、甚至好幾十萬以女性居多的脫北者，在中國被當作商品一樣買賣、遭到強暴或其他傷害。

然而，實際情況跟我想的完全不同。原來，世界婦女高峰會的目的不是動員那些擁有龐大資金和政治力量的傑出人士，一起幫助在中國和北韓等地受苦的人，而是大家聚在一起熱烈討論**美國**婦女遭受的苦難（如果這件事有任何意義的話）。「壓迫」二字在這裡指的是女性的薪資比男性低、某個女性只是財星五百大企業的副總裁而非執行長，或是男性主導的公司文化讓女性無法放心哭泣。儘管我很努力想同情她們的處境，我還是無法相信自己聽到的話。

希拉蕊．柯林頓因為排在我後面，所以在後台休息室聽了我的演講。當時是二〇一五年十月，她還在競選總統。我記得那天她穿了一件黑白兩色的外套，看上去很像當時的德國總理梅克爾，但同時也有點讓我想起金正日招牌的冬天外套。演講結束後，我滿臉淚痕走下台時，希拉蕊走上前看著我的眼睛，說她永遠不會忘記我那天說的話。她承諾會盡一切努力，幫助北韓的婦女。

或許，她要是當選總統就會信守承諾，但我很懷疑。隔年她的政治野心受挫，你會以為既然多出了時間，她應該會好好利用非營利性的柯林頓基金會的豐沛資金，還有她響亮的名聲和龐大的勢力做些有益世界的事。但據我所知，她選擇把之後幾年的時間花在抱怨沒當選總統這件事上。此後，我再也沒聽她提起北韓婦女遭受的暴行。一次都沒有。

跟許許多多的美國人一樣，二〇一六年的總統大選是我對這世界的認知的另一個里程碑。打從抵達紐約，我就開始狂看美國新聞，因為這不只有助於提升我的英文能力，也能讓我更加瞭解我的新家和更廣闊的世界。在曼哈頓住下來後，我決定每天到哥大的巴特勒圖書館讀《紐約時報》和《華盛頓郵報》，回宿舍就聽全國公共廣播電台。

直到前一年，我對共和黨或民主黨總統候選人都沒意見，也沒有明確的政黨傾向。美國人似乎認為，共和黨和民主黨就像火星和金星一樣天差地別，但對我來說，他們即使不一定一模一樣，但是再怎麼不同，彼此的差異也絕對小於它們任一黨與我在北韓或中國見過的政黨相比。不過到了二〇一六年的總統選舉日那天，儘管我對美國政治還很無知，卻也跟著大家偏激起來。我相信川普是個法西斯主義者、未來的獨裁者，以及可恥的強暴犯。我告訴我當時的未婚夫（他的陪伴以及在我生命中扮演的角色，容我後面再述），如果他有任何喜歡川普的理由，我都不想聽，如果他考慮要投給川普，我就不會嫁給他。我有一些住在布魯克林和曼哈頓的女性朋友，平日晚上還開會討論，要如何集結眾人之力反抗川普，把他拉下來。當她們告訴我希拉蕊要是敗選，就要搬去加拿大時，我也信了她們的話。

回頭去看，當時我認識的人之中，沒有半個人支持川普，甚至沒有人對這場選舉保持中立。我的同儕都是很聰明的人，教育程度比我高很多，住在美國的時間也比我久很多。我從他們那裡得到的消息，跟我在報紙和廣播上吸收的資訊互相強化。每次看到川普的臉或聽到他的聲音，我打從內心感到憤怒；這樣的感受究竟從何而來，我不用多想也知道。

我還記得我的未婚夫打電話告訴我川普當選時的情景。我在床上感到很害怕，然後開始啜泣。我打電話問朋友還好嗎，他們也打電話來關心我。我看了一整天的電視新聞，讀遍各大報的報導，也聽了廣播和播客。川普顯然跟俄羅斯人聯手，用不正當的手段擊敗了希拉蕊，很快他就會被彈劾和免職，說不定還會被暗殺。要是沒有，法西斯主義黑夜很快就會降臨美國——這塊我為了尋找自由而踏上的土地。我好不容易來到這裡，卻要眼睜睜看著它崩潰瓦解，陷入我千辛萬苦逃離的獨裁統治中。真哀。

這就是我現在置身的世界。某一政黨贏了大選，就代表了共和國的終結、和平和自由的死亡、國家走到了窮途末路。這個世界是《紐約時報》、《華盛頓郵報》、全國公共廣播電台和哥大的世界。也就是菁英的世界。

我花了很久的時間，才開始學會獨立思考，掙脫過去國家社會在我周圍設下的重重界線。我人生的前十四年，照理說正是學會思考的年紀，實際上我卻根本不用思考。我應該剪什麼髮型？只能由國家決定。我該聽什麼音樂？國家會替我們選擇。該讀什麼書，看什麼電影？同樣交給國家。我們根本沒有機會培養判斷力、想像力或品味這些人類獨有的重要能力，而這當然是每個獨裁政權的目標。北韓這方面做得很成功，以至於我到了南韓終於獲得自由之後，反而因為必須自己思考和做決定而不知所措。我該穿哪件牛仔褲？我希望有人幫我挑選。我該去哪裡吃晚餐？難道不能別人決定就好？來到首爾的前幾個月，這類細微瑣碎的決定把我弄得疲憊不堪，記得有一度我甚至心想，只要保證我有冷凍馬鈴薯可吃，也不會因為脫北而被處決，那我寧可回北韓。

最後幫助我改掉這個習慣的，不是我在哥大受的教育，或是從美國新聞媒體得到的啟發，而是閱讀經典名著。麥克·楊的《菁英階級的崛起》就是其中之一，喬治·歐威爾全集也是。我漸漸相信，唯一能夠獨立思考的方式，就是忽略主流媒體，別去管不斷更新和重播的每日新聞，選擇跟過去的偉大心靈連結，因為他們比我們自己更瞭解我們面臨的所有問題。獨裁政權把西方文明的偉大作品列為禁書是有原因的。

我父親被捕之前，也就是我七、八歲時，我記得有天晚上在家裡，他拿了一個小玻璃瓶，裡頭放了食用油和棉線，然後用打火機把它點亮，變成一盞檯燈。我看見他抱著一疊紙，釘成了一冊，但沒有封面或封底。我問他那是什麼，他說是一本書的一部分，講的是韓戰期間被南韓俘虜的北韓士兵。我記得他告訴我，讀書的好處（如果找得到書的話）就是能學到你在學校學不到的常識，因為學校教的都是政治文宣。

二〇一六年三月，我收到另一個演講邀約，這次的活動叫「營火會」。傑夫·貝佐斯（現在我知道他是亞馬遜的創辦人和執行長，而亞馬遜是一家規模龐大的公司！）大概每年都會邀請一小群知名的成功作家、藝術家、音樂家和電影人參加週末的私人神祕聚會，大家聚在一起吃喝談笑，聽有趣的人分享獨特的生命經驗。過去他邀過的賓客包括：尼爾・阿姆斯壯、貝蒂・蜜勒、華特・莫斯里、尼爾・蓋曼、羅伯・薩波斯基、湯姆・漢克斯、朗・霍華，和比莉・珍・金（不按特定順序）。那一年時間定在九月二十九日到十月二日，地點是加州聖塔芭芭拉的比特摩爾飯店。每位受邀者都要準備二十五分鐘的演說，在一百五十名貴賓面前發表。

那時候，我一邊上課，一邊持續人權倡議的工作，那週為了赴會還特別請假。貝佐斯派了一艘灣流私人噴射機到紐約接幾名受邀者，包括我在內。我跟著知名演員和作家坐上了飛機，他們的名字我大都忘了，但我確實記得有個人自我介紹是哈維・溫斯坦（Harvey Weinstein）。我完全不認識他，但我的未婚夫告訴我，他是個很有名的電影製作人。

可想而知，這是我第一次坐私人噴射機，以前我從沒看過這麼漂亮的飛機。我們起飛的私人機場不用安檢，也沒有行李檢查。那天出了太陽，但有點冷，我上完早上的課，就直接從哥大趕來。這一次我對貝佐斯的瞭解更多了，曉得他顯然不只是亞馬遜的執行長，也是地表最有錢有勢的人之一。我懷抱跟之前站上世界婦女高峰會講台時一樣的希望，坐上他的私人飛機，相信藉由他的幫助，我一定能找到方法改善北韓人的生活，就算幫不到困在國內的人，也至少能幫到中國境內三十萬左右的脫北者，因為我聽說貝佐斯在中國的生意也做得很大。我認為事情沒有我們想像中的困難，只要像貝佐斯這樣的大人物**正視**北韓同胞在中國的遭遇，或許就能激起漣漪效應，說服其他美國投資人對北京施壓，要求他們減少對平壤的援助。

那時候，我當然還不知道中美之間的權力關係已經反轉：美國投資人和企業家對中國市場的依賴，遠比中國政府對他們的依賴更深。即便是貝佐斯這樣的世界首富，能賺進億萬財富，也是靠著建立一家基本上就是中國賣家和商品店面的公司，無論它提供的其他服務和傲人成就為何。事實上，貝佐斯也買下了《華盛頓郵報》。真是不可思議。

坐上灣流噴射機時，我懷抱著遠大的希望。其他人都準時上了飛機，但有個人遲到了，大家只好等他。那個人就是溫斯坦。

過了一會兒，溫斯坦帶著妻子喬治娜・查普曼（Georgina Chapman）、兩個小孩和他們的保母登上飛機。他跟每個人握手問好，為自己遲到而道歉。我們終於可以起飛。飛機在跑道上滑行時，我試著閉上眼睛休息卻沒有辦法。我的腸胃翻騰，覺得自己的人生即將展開重大的突破。這架飛機就要把我載往一個能認識許多人的地方，那些人將幫助我達成那時已成為我人生使命的目標。

飛行途中，我們享用了一頓大餐。食物飲料源源不絕，任人取用。我大概吃了十盤食物，後來不好意思再去拿，就派我的未婚夫幫我跑腿，拿了一盤又一盤。灣流噴射機比一般民航機快很多，轟轟的引擎聲震得我耳朵好痛。我的未婚夫隨口詢問其他乘客，知不知道包一架這種噴射機飛越美國要多少錢。他們說超過十萬美金！

二〇一六年，我稍微可以感受到新生活帶給我的衝擊，而現在的我就有切身的體會。我還記得我跟媽媽在中國被賣的價錢，她是六十五美金，我是將近三百美金。此刻我正在飛越同一片藍天，天上掛著同一顆太陽；低頭看著下方的土地，我跟媽媽就在不過幾千哩外的地方被當成商品一樣買賣，變成別人的奴隸或洩欲工具。而此時此刻，我卻在這裡，飛越美國上空，這趟飛行的花費能立刻買回我們的自由，還有幾千幾萬名在中國的北韓女性的自由。我們一行人正要去參加一場會議，在那裡，我們可以激勵彼此用自己的生命做出了不起的大事！不用再私下聚會討論如何幫助他人，不需要智囊團、基金會或非政府組織。手上有多餘金錢的人們只要想，真的可以**買回**人類同胞的自由。可是我們卻在三萬呎高空中，享用以時速六百哩前進的自助餐吧，拚命燒錢，準備待會一同討論要如何在這世界上「行善」。

一抵達聖塔芭芭拉，我們就住進一家名為比特摩爾的五星級豪華飯店。這片度假勝地遍布棕櫚樹、仙人掌、外來的沙漠植物，還有一望無際的花海。飯店大廳瀰漫著尤加利樹和燃燒鼠尾草的味道。我住的房間對我來說，就像科幻小說的場景。從小在惠山長大，我們的水龍頭沒有熱水這個選項，有冷水的次數也不多。家裡沒有可稱為「廁所」的空間。我們洗臉的水就是用來洗米、洗菜的水，也是洗地毯和地板的水。有其他需求，我們會到外面解決。從小到大，我沒有睡過比冷冰冰的水泥地板更軟、更溫暖的地方。我記得，當我看見一名清潔女工收走另一扇門前的客房服務托盤時，我心想：**美國人光是用他們製造的垃圾，就能餵飽北韓所有挨餓的小孩**。

於是，慢慢適應這間濱海豪華飯店的周遭環境時，我的興奮蒙上了陰影和罪惡感。你感覺得到空氣中的那股期待，甚至有點興奮難耐，緊張也因此減輕了一些。接下來幾天，我，來自惠山的小研美，將對一群真正具有權力和影響力，並足以撼動世界、左右大局的大人物發表演說；如果我真的想要行善，那就是我需要藉助的力量。此刻他們全部聚集在太平洋沿岸的一棟建築物裡，而我想幫助的人就在大海的另一邊。我相信我可以的。

華倫・巴菲特經常建議人們嘗試以下的思考實驗：假設活在這世界上的八十億人口，每一個人都是放在大罐子裡的一顆彈珠。如果有機會，你會願意把你的彈珠跟其他人放在一起，然後搖一搖罐子再任意抽出一顆，從此過著這個人的生活嗎？假使答案是否定的，你就知道自己的生活是幸福的。

多年來，倖存者的歉疚感一直跟隨著我。根據美國心理學會的定義，倖存者的歉疚感就是，「自己從災難中生還，其他人卻沒有，因而感到自責或愧疚。」直到今天，我還會一再夢到留在北韓的親友，還有這些年因為我受到折磨的人（後來我某種程度成了公眾人物，他們也因為過去曾跟我接觸或走得很近而受到連累）。我跟媽媽脫北之後，曾拜託中國和北韓的掮客匯錢給家鄉的親戚。後來幾年，我們聽說那些掮客再也找不到我們的親戚了。他們可能進了監獄、消失，或者被殺。

我發現唯一能保持理智的方法，就是盡我所能，從我的好運氣和我決定用它來做的事當中找到意義。我知道我有多幸運，我現在享有的自由不是我靠努力換來的。我沒有比其他為了自由奮戰卻功虧一簣的人聰明或堅強。有些時候，我覺得自己純粹是好運。其他時候，我總覺得上面「有某個人」發了這副牌給我，期望我運用它做一些享受生命以外的事。他期待我不只要珍惜自己的幸運，也要分享出去。

因此，狀況好的時候，我會竭盡所能保持感恩的心，避免變得憤世嫉俗。我努力地不斷提醒自己，即便現況令人灰心，人類仍有希望，正義**終將**獲勝，善得以且必須實現，而且沒有哪個人或哪個族群是天生邪惡——世界上之所以有惡，只因為善惡存在於每個人心中。善惡存在於北韓的小鎮，存在於中國南部的農家，存在於首爾的大賣場，也存在於紐約的大學校園。所以一定也存在於千萬和億萬富翁的高級豪華度假村中，即使必須仔細尋找，才找得到。

在聖塔芭芭拉的時候，我很努力要記住這一點。非記住不可。

第一天開會，哈維．溫斯坦上台說話，跟大家分享了他的生命經歷：他是如何白手起家，想不到能闖出一片天，所以現在他要回饋社會，幫助弱勢。我聽完之後深受感動。他既非來自富裕家庭，也沒有人脈或靠山，卻秉持決心和毅力一路打拚，成為美國、甚至全世界最重要的文化產業中最有影響力的人之一。聽著他的演講，我不禁想，他的故事跟我的並沒有那麼不同，至少背景是一樣的。是美國讓這個故事成真，在這塊機會之地，任何人只要肯努力、肯堅持到底都能成功，即便是來自皇后區法拉盛的無名小卒、波蘭移民之子；即使是來自北韓、一口破英文的貧困難民。

然而，溫斯坦接著分享他是如何騙一名沙烏地阿拉伯富豪，掏錢贊助他的慈善事業。這名沙國商人想認識一個女明星，溫斯坦於是安排女星前往他下榻的旅館房間。他還要台下聽眾不用擔心，因為他太太全程陪著這位女明星，一點問題也沒有。

在二〇一六年秋天這個晴朗的加州早晨，當希拉蕊幾乎穩操勝算，而溫斯頓還是一個幫助年輕女星實現夢想的天才，大夥熱烈地為他鼓掌喝采，之後還開開心心討論他有多令人欽佩。聽完他的演講，我也非常欣賞他，但午餐時分，當我看到其他受邀者竟然排隊跟他問候、握手、擁抱，甚至親吻他以表達崇敬之意時，我簡直以為他是個聖徒。

不到一年，溫斯坦遭到八十名女性指控性侵，而且前後橫跨四十年。當初參加「營火會」的一些人後來也挺身而出，積極參與 #MeToo 運動，其中包括某個大咖女演員，溫斯坦最後成了這場運動的代表人物。後來，我聯繫之前在營火會認識的某個人，問踢爆之前，她知不知道溫斯坦的所作所為，她說她當然知道。大家都知道，難道我不知道嗎？

隔天早上，輪到我上台演說。排在我前面的是知名政治人物的線上演說，包括喬治亞州的眾議員約翰．路易斯（John Lewis）。他談到川普被提名對美國民主造成的威脅，這個話題貫穿了整個營火會，但我並不打算討論這個話題。

換我上台時，我先跟貝佐斯致歉，他跟妻子和年幼的子女坐在第一排。為了化解尷尬的氣氛，我說第一次我之所以沒接受他的邀約，是因為我不知道他是誰，甚至到現在也還不太清楚台下的人是誰，除了湯姆．漢克斯和瑞絲．薇斯朋。大家聽了都笑出來，但比我預期的更不自在一些，彷彿我不是來自另一個國家的移民，而是來自土星的訪客。

接著，我講起逃離北韓的過程。那時我已經發現，這是一場不太嚴肅的菁英聚會，大家喝掉的可口雞尾酒比解決的全球問題更多，但我還是決定原原本本說出我的故事，不遺漏任何細節。我描述我在惠山街上看到的挨餓和腐朽的軀體，還有我跟我母親為了一碗飯而冒的風險。我告訴他們，橫越結冰的鴨綠江抵達中國不久，我就目睹母親被強暴，後來被買去當性奴隸，等到我們離開中國時，我也被買下我的掮客強暴並遭到其他人性侵，其中多半是人口販子。我告訴台下的大人物，至今仍有千千萬萬名北韓人在中國被奴役，其中很多女性都跟我和我媽一樣受到同樣的對待。

這顯然不是他們期待的演說內容。我看見很多人臉上出現不敢置信和驚恐的表情。至於貝佐斯，他看起來快哭了。我講完之後，台下響起一片不太確定的掌聲。貝佐斯舉起手，問了一個我至今難忘的問題。

「是什麼支持妳克服所有的困難，一直不放棄希望？」

看見他和台下其他人的淚光，我奮力忍住淚水。

「我父親。」我回答：「我父親告訴我：生命是一份禮物，值得你不惜一切為它奮戰。即使在臨終前，他都笑著對我說生命很珍貴，要我絕對不要放棄為生命而戰。世界上有很多人只為了多活一天而奮戰，我父親就是一個例子。他從來不把生命視為理所當然，即便他是名逃犯，所有權利都被剝奪，又因為罹癌而受盡折磨。

「小時候他就教我要當一個不倒翁。他曾經跟我說：『研美啊，無論生命怎麼打擊妳，妳都要像不倒翁一樣打不倒，彈回來繼續再戰。』」

我告訴大家，父親教我的道理雖然簡單，卻是今天我上台發表演說的唯一理由，因為對我來說，決定活下來是我人生中最困難的選擇。

演講結束，我的願望終於成真。幾個演員、企業家和政治家上前詢問我一直期盼他們問的問題：他們如何能幫上忙。我告訴他們贖回在中國淪為奴隸的北韓人要多少錢，但中國的人口販運網絡既複雜又難以突破，所以他們能夠做的且最有效的事，就是提高大眾的認知，讓大家瞭解中共是北韓現代大浩劫的幕後推手，還有北韓人在中國被當成奴隸一樣地買賣。

前一秒，大家還急著問我如何幫助跟我媽一樣困在太平洋對岸的可憐人，此時此刻，他們看我的眼神卻好像我是從另一個銀河來的外星人，或是一個不懂中國對他們的生計有多重要、牽扯有多複雜的天真小女孩。他們很快就對我失去了興趣，我對營火會也是。

二〇一七年初，Airbnb 的創辦人之一邀請我參加 Met Gala，即紐約大都會藝術博物館的年度募款晚會。晚會本身就是一場時裝展，那年的晚會主題是 Edge，他們還派了一名造型師從澳洲的博物館帶衣服回來。我不知道那是一場多麼盛大的活動，也不認識大部分的出席人士。那明顯是一個膚淺又無意義的活動，我對那一類聚會幾乎已經失去信心，但或許我會在那裡認識一些人，有興趣也有資金支持我的訴求。儘管機會不大，但我想還是值得一試。

晚會開始之前，不同領域的專業人員來幫我弄頭髮、修指甲並化妝，而且弄了好多次。還有其他專業人員負責我的服裝。兩天下來，有四個大人負責把我打扮成亞洲的陶瓷娃娃，那種打扮讓我不舒服到了極點。當我表達自己的不舒服時，他們告訴我這就是重點所在：今年的主題是 Edge，我得有 on edge（譯注：緊張不安）的感覺，因為今年的活動宗旨就是幫助我們「跳脫框架思考」。假如營火會讓我知道菁英比我以為的還不道德，Met Gala 讓我瞭解他們比我以為的還要笨。

我在晚會上見到彷彿從我家電視螢幕跳出來的人：休・傑克曼、金・卡戴珊、凱蒂・佩芮、威肯、席琳娜・戈梅茲、強納斯兄弟，還有其他讓我懷疑自己是不是腦袋燒壞在做夢的人，因為他們竟然在我面前走動並說話。凱蒂・佩芮上台時，有個高得不可思議的男人跟他高得不可思議的老婆站在我前面。我問同桌的人這兩個巨人是誰。他們不敢相信我沒聽過湯姆・布雷迪（Tom Brady）和吉賽兒・邦臣（Gisele Bündchen）。「他是美式足球員。」他們耐心地跟土星來的訪客解釋：「他贏過很多次超級盃。」顯然這是我應該為之讚嘆的事，於是我一臉崇敬地默默點頭。

追著這些名人到處跑的攝影師，好像著了魔一樣，歇斯底里起來。「麻煩看這裡，席琳娜！」「金！轉向這邊。」這讓我想到金氏家族定期去參觀假城鎮、假工廠、假商店，假裝在視察假產品，下達假命令，假裝露出滿意的表情，發表假的即席演說，在場的每個人則是假裝鼓掌，或笑或哭，或是做出他們覺得必須要做的事，避免遭到處決的命運。某種類似、但完全出於自願的現象，似乎正在 Met Gala 上演。

要不是也有點悲哀，整個活動應該逗趣又好笑。那天晚上，我發現人們對膚淺、物質主義的西方文化最糟糕的刻板印象，或許真的其來有自。這個狂熱的活動風靡全美，我的朋友還央求我跟來參加的名人合照，大家都很嫉妒我，甚至嫉妒得流下眼淚。拿到照片時，他們還真的哭了。

晚會那天，我旁邊一度坐著鄧文迪（Wendi Deng），也就是媒體大亨魯伯・梅鐸（Rupert Murdoch）的前妻，還有幾位擁有世界前幾大科技公司的億萬富翁。他們聊到瑞士來的鑽石、他們最愛哪個名模，還有——準備好了嗎？別太驚訝——他們有多討厭川普。到了某個時刻，當我怯怯地介紹自己，以及我為什麼受邀來參加這個活動時，他們要我千萬別在演講或公開場合提起他們的名字，因為他們跟中國關係匪淺。

不久後，我便站起來跟主辦人說，我不會參加會後派對。這件事對他們太陌生，甚至難以理解我真正的意圖，並開始跟我解釋真正的重頭戲是會後派對。但我等不及要脫下我身上有如藝術品的晚禮服，也沒有興趣知道他們的「重頭戲」是什麼。於是，我就離開了。

之後幾年，我到過 Google、Facebook、聯合國、美國國務院和 TED 研討會，發表演講，說出據我所知中共和北韓政權底下發生的事。不管到哪裡，事情進行的過程都一樣：很多人流下淚水，很多人過來擁抱我、跟我握手，很多人關心、慰問且願意伸出援手，然後就是沉默。

後來我才知道，「沉默就是暴力」是這些菁英最愛的政治和文化標語。往後四年，我又見到其中許多人，但這次是在電視上，有時他們穿上粉紅色衣服上街反川普，有時穿上黑色衣服抗議警察，有時穿上綠色衣服反氣候變遷，抨擊那個使他們成為有史以來享有最多優勢的一群人的萬惡體制。

接下來四年，許多當初認真聽我訴說，他們可以做些什麼來改變世界的人，卻把時間用來不斷警告國家，要提防白宮裡的法西斯主義者、總統辦公室裡的俄羅斯傀儡，還有把小孩關在鐵籠裡的白人民族主義者（譯注：指被關在鐵籠裡的非法移民家庭的小孩）。他們站出來反對媒體說真話，以及法律之前人人平等，不再視之為民主社會的規範，而是國家面臨存亡危機時（即他們不支持的總統入主白宮）負擔不起的奢侈。

他們幾乎是不約而同地開始鼓吹「批判性種族理論」（譯注：critical race theory，探討種族差異導致的社會歧視和權力不等的跨學科理論）和所謂的「反種族歧視」。這比我在美國遇到的其他人事物，更令我想起北韓的「主體思想」。主體思想就是北韓版本的馬列主義，表面上利用艱深難懂的詞彙和概念來推動政治改革，其實只是要把平民百姓分成不同的身分類別，盡可能把他們跟菁英階層區隔開來。而美國菁英就跟北韓的菁英一樣，利用這套新的意識形態來抵制並封鎖政治和意識形態的異端。

對我來說，那是怵目驚心的四年，對好幾百萬美國同胞來說也是。但有方面我並不感到意外，因為我在二〇一六和一七年的一連串會議上，已經近距離見識過。那簡直是睜眼說瞎話，而這方面也讓我想起北韓。在北韓，腦滿腸肥的黨幹部之子破口大罵瀕臨餓死邊緣的農民對偉大的領袖不夠忠貞，不算是太少見的畫面。而二〇一六年後的美國，你可以開始看到白人雜誌編輯、白人電影製片或白人科技公司執行長，教訓黑人建築工人或拉美小企業老闆，基於「自我厭惡」或「內化的種族歧視」而把票投給川普。

我開始懷疑，當我把自己的經歷和努力目標告訴他們時，他們會不會也是這樣看待我的。「唉，可憐的亞洲女孩，太傻太天真，還以為問題是北韓的獨裁政權或中國的奴隸買賣。其實真正的問題是美國的獨裁政府和奴隸思想！」

容我再說一段小插曲。這件事很值得一提，因為那是我第一次目睹美國的腐敗在我眼前大剌剌地上演。

有天我收到另一場不公開私人晚宴的邀約。主辦人是《野獸日報》和世界婦女的蒂娜・布朗，晚宴由美國銀行執行長布萊恩・莫尼漢（Brian Moynihan）跟她一同主持。時間是二〇一九年的九月末，剛好是聯合國大會開會期間，地點在紐約的五星級瑞吉酒店。其他受邀者包括當時的巴基斯坦總理伊姆蘭・汗（Imran Khan），以及眾議院議長南西・裴洛西（Nancy Pelosi）。此外，還有許多媒體、時尚圈、好萊塢、科技界、金融業和學術界的大人物。我記得有一名《紐約時報》的記者，就坐在某知名中國創投家的旁邊。

雞尾酒會期間，我走向裴洛西議長，介紹自己是脫北者和中國性奴隸交易的倖存者，正在為命運跟我相同的人們爭取國際社會的支持。她給了我一個很圓滑得體的回應，然後就把我輕鬆打發掉了。她顯然心裡有別的事。

後來，她對其他受邀者說了一些話。別忘了，裡頭不只有很多投資人，還有外國元首。她告訴我們，明天，也就是九月二十四日，她將宣布對川普總統正式啟動彈劾調查，消息隔天早上就會發布。「你們都知道這是什麼意思。」她說：「大家得做好準備。」

對我來說，她要傳達的訊息很清楚：彈劾案新聞一發布，股市就會下跌，你們只有一個晚上的時間能做空。果不其然，隔天《華盛頓郵報》發布了彈劾案，股市隨之下跌。

幾個禮拜後，裴洛西接受政治新聞網站 Politico 的訪問時，說：「如果我們容許總統——任何一位總統，無論他或她是誰，走上這條路，就等於在跟共和政體說再見，然後迎接一個國王總統進門。」

第二部

通往毀滅之路

5 價值觀崩壞

我最愛美國的一點，無論是理論或實際層面，就是美國賦予每個個體不可剝奪的權利，包括生命權、自由權和**追求幸福**的權利。很難跟土生土長的美國人解釋，把最後一項權利當作一種價值有多難得，更何況還是國家肯定的價值。大多數國家捍衛的價值不是抽象的概念（如「光榮」、「偉大」，或是國家民族的「命運」），就是完全實際的目標（如國家的安全或存活）。美國致力於保護的卻是每個人民追求**幸福**的權利。這當然不保證誰一定會**得到**幸福。但美國賴以建立的基礎，就是任何人、族群或組織都不得妨礙他人**追求**幸福的自由。珍藏這個概念的文件就是美國獨立宣言，文件本身是用令人崇敬的語言寫成，與這個令人崇敬的概念相得益彰，使得我不只以身為美國人為榮，也以身為人類為榮。

但追求幸福的權利就跟民主和自治一樣，確實附帶一定的責任義務。除非人民服膺於公民義務、個人職責、勤奮努力，還有某種程度的個人美德，否則很難保有追求幸福的權利。傑佛遜式的「追求幸福的權利」跟華爾街之狼的版本不同，不是要在追求過程中說謊，嗑藥，摧毀關係，導致家庭破碎、身敗名裂。而是要開創自己的事業，擁有自己的財產，建立自己的家庭，用你認為適當的方式參與社群，既不逾越法規也能尊重他人的權利。

快二十五歲之際，我愈來愈難忽略對我這一代的許多美國人來說，「追求幸福的權利」意謂著什麼。紐約似乎尤其鼓勵和吹捧「七宗罪」，把它當成美德一樣無止境地追求。時尚和夜生活產業虛榮氾濫；金融世界貪婪無厭；對權力和物質的豔羨，使我認識的每個人幾乎無可救藥地嫉妒他人，由此對自己的生活感到不滿。

然後還有色欲。

我在紐約的很多女性朋友，週末都有主動追求一夜情的習慣，到頭來只讓自己更加懊悔和寂寞。有個朋友把她手機上的交友ＡＰＰ給我看，當時那還是我聽都沒聽過的概念。我還以為是鬧著玩的，心想上面的男人一定都是冒牌貨。有些較年長的朋友鼓勵我趁年輕多約會，別太快定下來，甚至已婚的朋友也這麼說。他們尤其喜歡跟水有關的比喻，比方「試試水溫」、「把腳伸進水裡看看」，或是「海裡的魚多得是」，我至今都不是很理解。

儘管如此，有一陣子我很為這些新奇的概念著迷。選你所愛、愛你所選的自由，在我心中變成一個強大的概念。在北韓，名為「出身成分」的嚴格階級制度禁止不同階級通婚，甚至互相友好也不行，一部分就是為了避免階級往上移動。假如低階層的人真的跟高階層的人結婚，後者就會降為低階層，但絕對不會反過來。這當然抑制了人們跟低於自己階層的人通婚的動機。這就是破除階級的社會主義天堂：北韓的婚姻多半由父母安排或國家指定。雖然有愈來愈多年輕人，因為接觸走私進來的南韓電視劇得知「約會」的概念，但說到結婚，年輕人還是會避免做出可能降低自家階級的選擇。

意想不到的是，到了南韓，我發現情況也有幾分相似。我因為出身且趕不上激烈的學業競爭而飽受歧視。南韓雖然是一個民主、資本主義的社會，而且發展大致上與美國和西方國家一致，仍然是一個同質性很高的社會，來自北韓及其他東南亞發展落後國家的人還是會被看不起。直到今天，我母親在南韓依舊會因為說話有北韓口音，遭到街頭小販和左鄰右舍的嘲笑。

然而在美國，即使我英文說得很破又有很重的東亞腔，似乎也沒人在意。大家同樣展開雙臂歡迎我；有生以來，我第一次覺得自己真正被接納。這裡的人，心胸開放又富有同情心。發現金恩博士的夢想已經成真時，我心裡充滿了喜悅。幾乎所有美國人用來評價我的方式都不是我的膚色，而是我的品格內涵。因此，和某個人發展戀愛關係的可能，更加令人期待。假如這裡的每個人都能不帶偏見地與人約會交往，而紐約又是個種族和宗教的大熔爐，那麼彷彿全世界都任我挑選。我的選擇不但不限於本國人和自己階層的人，甚至有機會真正與人談戀愛。事實上，我在美國的第一個交往對象就是猶太血統的蘇聯移民，他八歲時才跟家人來到美國。我們之間的種族、宗教和背景差異，完全無礙我們交往。

我的一些女性朋友就沒有那麼幸運了。我很難不發現，在紐約、洛杉磯和舊金山這些大都會，她們很難找到認真交往也願意付出承諾的對象。我不得不承認我有點訝異。北韓男人有不少根深柢固的缺點，對待女人有時也很野蠻，卻很認真看待男女交往這件事，也願意為感情負起責任。國際化的男性顯然並非如此。

我在紐約認識的男性，對我來說多半都有點神祕。北韓沒有所謂的「約會人選」或「結婚人選」（甚至沒有這樣的分類）。一般人交往就是為了結婚，而結婚就是為了建立家庭。交往或許是一種刺激的經驗，但仍然是個嚴肅而莊重的過程。在紐約，大家約會似乎主要是為了喝醉和上床。星期天早上，我的女性朋友有時會打電話或傳訊息，跟我抱怨她們禮拜五喝醉之後一夜激情的對象沒跟她們聯絡，或是她們交往一段時間的男朋友只要聽到承諾、甚至確立關係的話題，就決定到此為止。

在北韓，男人對女人的最大責任就是保護她們並供應她們的生活所需。這樣的兩性關係或許太過狹隘，也太令人窒息，不過我漸漸發現，相較於現代西方鼓勵男性不需對追求的女性負起責任的兩性關係，我還是比較喜歡前者。

別忘了，這時我在紐約的女性朋友多半還是哥大的同學，她們接收了（很多顯然也相信）學校灌輸的「後女性主義」：主張性別本身不過就是男性打造來壓迫女性的意識形態（若你發現了其中的強烈矛盾，你並非唯一這麼想的人）。這往往使她們過著簡直滑稽的偽善生活：「男女並無不同，婚姻已經過時，小孩是沉重的負擔。那些男人為什麼不想跟我確立關係，甚至也不回我電話？」

對我來說，清楚擺在眼前的事實是：男人若真的打造了一套讓自己為所欲為的意識形態，那非「後女性主義」莫屬！享樂加倍，責任全免。難怪我在紐約認識的男人，一般都比我那些極度「覺醒」的女性朋友快樂得多。我有一些已經五十好幾的男性友人，甚至還在跟二十幾歲的女生約會，而且經常是「開放式」關係。而我認識的三十幾和四十出頭的女性，卻討厭死我這個年紀的女生，大概是因為她們突然意識到自己青春不再，沒人要了。其中大部分人每個禮拜都去做心理治療，談起治療師跟談約會對象簡直沒有兩樣。比方說，要找好的治療師有多難；沒做治療她們活不下去，但做了又覺得沒什麼進展。

大家強力主張性別是一種社會建構，不斷抱怨「有害的男性特質」和「男性說教」（mansplaining），聲稱「保護女性」和「供養女性」的概念是一種性別歧視，而婚姻已經過時，小孩剝奪了你的自由。然而，似乎沒有人停下來，想想他們的不快樂會不會是自己造成的？

從那時候開始，每次有我覺得不錯的男人邀我出去，我都會告訴他，我一次只跟一個人交往，而且是以結婚為目的。我的女性朋友當然建議我別這麼做，因為每個腦袋清楚的年輕人聽到了都會被嚇跑，躲得遠遠的。但我認為，一個害怕承諾的男人大概也不敢負起責任或付出愛，也就不值得我花時間在他身上。反正我也不怕單身；跟錯誤的人在一起或因為錯誤的理由而變成一對，單身相形之下要好得多。

謝天謝地，我的第一個男朋友是名正人君子，為人正直又負責。那也是我第一次談戀愛。一開始很辛苦，但我很開心能找到一個與我有許多共同價值觀的人。當時我二十一歲，才剛到美國不久，對自己和新環境都還在摸索，最終還是屈服於同儕壓力，交往一年就分手了，因為我覺得自己沒有「試試水溫」，去認識「海裡其他的魚」，好像心有不甘。但之後我很快就發現，那樣也完全無法使我快樂。

二〇一六年的溽暑，我在一個朋友的生日派對上認識一個非典型的「美國壞蛋」。他因為有興趣，也接觸過相關的著作和紀錄片，對北韓略知一二，而且似乎真的關心在那裡受苦的人。此外，他跟我一樣重視家庭價值。我們很快愛上對方，並在二〇一六年末他三十二歲、我二十三歲時，在曼哈頓結為夫妻。從我們辦婚禮的地方，可以看到遠方的自由女神像。記得當時我心想，我的故事只有在美國才可能成真。

在北韓，跨國婚姻是非法的。混血寶寶很難活下來，孕婦肚子裡的小孩若非「純種」，就會被迫拿掉。逃到中國卻被強暴的女性，有時會不小心懷孕。要是被抓到遣送回北韓，當局會用殘忍的手法迫使她們流產，例如注射鹽水、反覆踢她們的肚子，或是在肚子上綁木板，強迫小孩在上面跳來跳去。假如孩子仍奇蹟地生下來，他們有時甚至會把無辜的小孩放進箱子封起來，任其自生自滅。

我不但遠離了那樣的惡夢，而且遠得不可思議：我在曼哈頓島上一個可以把自由女神像盡收眼底的地方，跟一個美國男人結婚。我深愛新生活的每一分每一秒，還有這個新國家的每一吋土地，也真心感激我能擁有自由，放心追求自己想要的生活。

我跟我丈夫之間最強大的連結，就是我們都渴望尋找生命的意義，並活出有意義的人生。我很清楚人生一旦失去意義會有多麼辛苦。正如大屠殺倖存者暨傑出精神病學家維克多．弗蘭克（Viktor E. Frankl），在代表作《活出意義來》（*Man's Search for Meaning*）所說的：「若是你找到了人生的目的，就能忍受人生的所有磨難。」我跟我丈夫都想為「人生的目的」而努力，其中最重要的就是建立家庭。

婚後不久，我們就想要有孩子。然而，我人生的前十四年生活在北韓，嚴重營養不良，導致我的體重至今仍然過輕。我身高有五呎二，但體重到了二〇一六年還是不到八十磅。最後我們發現，由於我的童年和成長過程營養失調，並且受到嚴重的創傷，要自然懷孕是不可能的事。所以我們決定去做試管嬰兒。我記得當時我心想，多麼不可思議啊！現在我竟然能利用這麼神奇的科技，實現成為母親的夢想，而我的惠山老家到現在竟然還沒有可靠的電力。

無數個清晨，我到不孕症診所抽血驗孕。記得我在那裡看到好多既聰明又有野心的女性，她們都跟我一樣渴望懷孕。看到這麼多女性為了生育吃盡苦頭，雖然令人難過，但這些成功又有身分地位的女性那麼努力想成為母親，也非常激勵人心。經過多次療程，我終於在做第三次試管時成功懷孕。那是二〇一七年的夏天。

發現自己懷孕那天，是我生命中最快樂的一天。得知消息時，我正要跟我的小姑去參加紐約同志大遊行。記得那天我最強烈的感受，就是深深感激在我體內展開的奇蹟過程。

懷孕期間，我定期去做超音波檢查，醫生也建議我補充孕婦專用維生素和鐵劑。記得當時我心想，目前為止我遭受的所有痛苦折磨都值得了，因為那表示我的孩子會在美國展開美好的生活，甚至還在媽媽肚子裡時，就能攝取我為他準備的各種維生素。

看到這裡，你應該可以想像，當我聽到各式的新聞、辯論、對話中，大家不停痛批美國已經成為法西斯主義地獄，我會做何感想。

二〇一八年初，我跟哥大請了一學期的假，和我丈夫搬到芝加哥待產，因為他的公司在那裡。我跟許多美國母親一樣，想也想不到照顧一個美國寶寶，要買的、要準備的、要知道的東西有那麼多！我對嬰兒車、配方奶、奶瓶、溫奶器、奶瓶殺菌器、嬰兒搖椅、嬰兒床、嬰兒浴盆、免洗尿布、環保尿布、嬰兒濕紙巾、擠乳器或圍兜兜一無所知，更何況是「嬰兒睡眠訓練」和「寶寶自主斷奶」這類的概念。

可想而知，這些在北韓幾乎不存在。一個北韓母親若是擠不出母奶，也找不到奶媽幫忙，寶寶只能活活餓死。實際情況往往如此，因為營養不良既嚴重又普遍，導致很多北韓婦女無法分泌乳汁。這跟在美國養小孩的情況是天壤之別。美國的父母甚至可以買 Frida 這種產品幫寶寶吸鼻涕，或用 Windi 幫助寶寶排氣。

來到廣闊的美國中西部之後，每一天我都更加感謝當年來到這裡建立這個公平繁榮國家的先人。待產工作繁雜累人，但我不得不讚嘆帶動醫療服務、兒童照護、教養產品蓬勃發展的自由市場和創業精神，美國父母從中可以獲得各種幫助，即使是收入有限的族群也不會毫無選擇。

此外，我也忍不住想起我父親。要是他知道日後我的生活變成什麼模樣，還有在我兒子（他的孫子）前方等著他的，是何等安全、富足和自由的生活，他一定會覺得死而無憾。

因為常常沉浸在懷孕的喜悅裡，不敢相信自己會成為一個美國母親，所以每次產檢，我都沒有很在意醫生和護士問我的奇怪問題。「妳會覺得憂鬱或沮喪嗎？」「在家裡覺得安全嗎？」生產完後，則是：「妳有自殺的念頭嗎？」醫護人員建議我下載的手機應用程式，也會記錄我的情緒變化。要我小心即將面臨的挑戰，比如身體產生的轉變可能令我感到沮喪，或是產生情緒波動。並提醒我生了小孩「覺得悲傷」，這不要緊也很正常，同時提供我尋求專業協助的方法。

懷孕當然很辛苦，產後憂鬱也是許多女性真實面臨的挑戰。我不是要貶低母親，還有懷孕女性被要求做的犧牲，但這一切還是令我大感不解。即使在北韓這樣不把人命當一回事的國家，懷孕和生產在當事人（而非國家）心中仍然是一件神聖而珍貴的事。我很難想像北韓婦女會像許多美國婦女這樣理直氣壯地衡量生小孩的利弊得失：「一方面來看，我會創造一個生命，愛它也被它所愛，什麼事都無法與之相比。另一方面，我會因此發福，短期內我在丈夫以外的男人眼中不再具有吸引力。這真的值得嗎？」

是的，親愛的讀者。非常值得。

我兒子出生那天，是我人生中最幸福的一天。從那一刻起到現在，世界上的其他事物對我都不再重要。

生產那天我是剖腹產，因為我的身體不夠大，自然產會有危險。當醫生把寶寶從我的肚子裡抓出來，放在我胸前，讓我可以抱他、用臉頰觸碰他的皮膚，我不敢相信自己是如此幸運，能成為他的母親。難以相信像我這樣的人，竟然有資格成為這麼美麗的小男孩的母親。記得當時我想到我的祖先，那些很久很久以前的人。我想像著過去的女性跟蠻荒、乾旱、饑荒和戰爭奮戰，拚了命才生下孩子，讓生命得以延續，因此有一天我才能躺在醫院裡，平安又健康地產下孩子。

那一刻，我終於明白什麼是幸福。幸福不過就是愛和感恩的同義詞。幸福不是榮華富貴、功成名就，甚至生活安穩，而是成為父母，成為子女，成為別人的知心好友，以及對不幸的人伸出援手。這就表示，找到生命的意義並非成敗未知的艱辛追求。要找到生命的意義，其實一點都不難。許多智者都曾指出，幸福是一種選擇。家母告訴過我，沒有感激是不可能幸福的。「當我跟上帝要求幸福時，」她說：「祂要我先學會感激再說。」她（和祂）說的沒錯。

儘管經歷過各種難以形容的磨難，家母至今都是我認識的人當中最快樂的一個。她曾經淪為性奴隸，被強暴，也坐過牢，被迫跟丈夫和小孩分開，最後還成為難民。她卻打從心裡覺得幸福和感激，而且幾乎時時刻刻都是如此。過去我從來不懂為什麼，現在我覺得我懂了。

6 受害與壓迫

我下定決心要把兒子教養成一個強韌、快樂並懂得感恩的人。這些都是讀大學時，我在許多同齡美國人身上看不到的特質。雖然一心想這樣把他養大，我同時也知道他出生在什麼樣的社會脈絡和職業環境。

從很多方面來說，我兒子都屬於有史以來最幸運的一群人類，因為他生在二十一世紀的美國。從另一方面來說，他又不幸到了極點。他有一半白人血統，一半亞洲血統，屬於「特權」金字塔的頂端。無論他的實際家庭背景如何，日後也不會有人為他的成就讚嘆，或者為他的失敗難過。他的成功會被歸功於非他所能掌控的因素；他的錯誤不會被輕易原諒。他會被視為壓迫者、剝削者，和靠著剝削他人得利的受惠者，即使他是個正直、善良又尊重他人的孩子。他母親是逃離獨裁政權的難民，家裡的女性成員曾被賣作奴隸，而他的生命本身就是一個不可思議的奇蹟，但是這些都不重要。我很清楚他必須努力爭取他人的尊重。

因此，從他出生的那天起，我就知道他必須是一名鬥士。而要成為一名鬥士，只有一個方法。

當年姊姊恩美失蹤時，我才十三歲，恩美十六歲。眼看家裡已經沒有存糧，我們都很害怕挨餓的日子就要逼近。那是二〇〇七年三月二十六日，姊姊橫越鴨綠江，從惠山逃到中國。她留給我一張字條，要我去中國找她。

我們重逢的過程充滿了混亂和艱辛。見識過中國性交易的恐怖實況後，我終於透過南韓情報機關的幫助，在首爾見到了姊姊。那時我已經二十歲，我們都不再是少女。整整七年過去了，對那個年紀的女孩來說，七年就像一輩子。

剛到南韓時，有個重要的體悟幫助我克服從未停止的各種打擊和創傷，用感恩和樂觀的心面對生活。那就是自憐自艾是永無止境的。它就像個無底洞或無盡延伸的隧道，無論你挖得多深，無論你認為自己從中受惠多少，或怎麼將它合理化，它永遠沒有盡頭。一旦跳進去，你就很難找到出口。

我們活在一個物質組成的世界裡，我們的身體也是這世界的一部分，因此我們經歷的一切幾乎都在腦袋中發生。是我們的腦袋掌管我們與外在世界的關係、負責詮釋這個世界，以及我們在其中的所有經歷。幸好腦袋沒有「它自己的生命」，實際上它是我們身體中最可控制的器官之一，只要我們能意識到這件事。假如痛苦只是腦袋的主觀感受（對比於身體受的折磨，如酷刑或病痛），這麼一來，痛苦就是自己的選擇。因此，我深深相信我們絕大多數的痛苦都是自己造成的，也是自己所做（或沒做）的決定。換句話說，痛苦的感受多半來自於我們如何「思考問題」，很少是問題本身。

或許是受到爸媽的耳濡目染，或許是我的天性使然，很小我就有這種強烈的體會，縱使還不知道要如何表達。所以我很早就常跟姊姊說，不要習慣把自己想成「可憐的我」。即使是爸媽不在身邊、家裡又沒東西可吃、只能自求多福的時候，光是我們還活著、還在呼吸，就表示還有許多值得我們感謝的事。多年後在首爾重逢，我提醒姊姊，還有無數的北韓人不像我們那麼幸運，至今仍在祈求更好的生活並為此奮戰，最終卻還是失敗。這樣的體悟和心態對恩美來說，不像對我那麼自然而然。我雖然覺得沮喪，但也能夠理解。

我也知道創傷是真實存在的現象。戰爭、饑荒、家庭暴力和性暴力的倖存者經歷的痛苦掙扎，證明創傷對數百萬人來說，是一個痛心刻骨的共同問題。有時候，我的情緒也會被觸動，經常因此覺得害怕，或陷入非理性的想法中，即使那些想法無關乎現在，完全是過去在作祟。某些夜晚，我還是會滿身大汗從惡夢中驚醒。也有時候，我會尖叫著醒過來，雖然現在已經沒那麼頻繁，問題仍然存在。這種時候我不會覺得絕望，反而會專心想著自己有多幸運，因為惡夢驚醒後，我發現自己的生活已經大大好轉，真實的我過著安穩舒適、衣食無缺的生活。

出第一本書時，美國和世界各地都有很多人問我，我怎麼可能會感激自己出生在北韓。我理解他們的困惑。通常我會回答，要是沒有經歷過飢餓、不公、壓迫和生離死別，我就無法如此強烈地感受到每一天在美國享有的繁榮、安全、正義和自由，並深深覺得感謝。這一切當然跟視野有關。就因為我出生在北韓，所以我擁有比一般人更不一樣的視野。那也幫助我成為生命的鬥士。

我希望我兒子擁有同樣的視野，卻不希望他必須經歷我經歷過的創傷。所以我只能靠以身作則灌輸他這些觀念，然後像爸媽當年教我那樣教他。

但每個父母都知道，孩子一旦進入社會，即便是美國這樣令人欽佩、公正且自由的社會，你很難不擔心他們會接觸到什麼人、遇到什麼樣的老師。我也不例外。

加拿大心理學家和作家喬登．彼得森喜歡說：「痛苦是人類存在不可或缺的一部分。」世界上的幾大宗教，無論是亞伯拉罕諸教（譯注：奉亞伯拉罕爲祖先的宗教，包括基督教、伊斯蘭教和猶太教），或是東方宗教、多神教、一神教都一致認為，痛苦對人類生命不可或缺，好壞生命皆然。佛教尤其把這個概念當作核心，並藉由四聖諦勾勒出這個核心概念：

第一聖諦：**活著就是受苦。（苦）**

第二聖諦：**痛苦來自欲望。（集）**

第三聖諦：**消除欲望就能擺脫痛苦。（滅）**

第四聖諦：**修行八正道即可克服痛苦和欲望。（道）**

但生命為什麼充滿痛苦呢？這個問題尤其困擾亞伯拉罕諸教。彼得森常在書中引用其思想，並提出三個可能的答案。第一，人類之所以痛苦，背後的核心因素是，**從社會的眼光來看，我們都能力不足**。問題是社會的評價系統經常變來變去，因此可以說，問題不在於我們能力不足，而是社會本身太喜歡評斷，又常流於武斷，應該加以改良，降低其專制的傾向。

第二，人之所以痛苦，是因為跟大自然和浩瀚的宇宙比起來，人的生命短暫，又必須經歷心愛之人的死亡，承受不可避免的失落、孤單和渺小的感受，因此更加脆弱不堪。

到這裡都還說得通，但這恐怕不是問題的全貌。人類的痛苦，第三也是最大的成分是**不必要的痛苦**。這一類痛苦完全在我們的掌控之中，一開始就是我們自己造成的。當我們懶惰、不負責任、貪婪，或做出愚蠢的選擇時，自己其實都一清二楚。黎巴嫩裔的美國詩人紀伯倫在《先知》（*The Prophet*）這本詩意盎然、帶有聖經風格的著作中，用優美的文字寫出這種現象：

> 跟自己和諧一致的時候，你就是善。

跟自己不和諧一致的時候，也並不是惡。
因爲分裂的家並不是賊窩，不過就是分裂的家。
沒有舵的船或許會在危險的島嶼間漫無目的地飄蕩，但也不至於沉到海底。

沒有舵的船。多少人對人生有這樣的感覺？漫無目的隨波逐流，被浪潮甩來甩去，完全由不得自己？無論你是從佛教這類古老智慧，或是紀伯倫這類現代詩人，或彼得森這樣的當代思想家找到安慰，答案都是一樣的：某個程度的痛苦是自然的，甚至對生命不可或缺。但克服痛苦、讓船重回航道的唯一方法，就是跟自己和諧一致，活出真正的自己。若非如此，你就不可能獲得用來終結不必要痛苦所需的責任感和意義。

兒子人生的前五年，我就努力灌輸他這樣的智慧，因為我知道他在學校大概不會學到這些，畢竟美國愈來愈多學校不會再教導學生，痛苦若非必要，就是他們有能力掌控的。負責教育和栽培我們子女的學校機關，愈來愈常教導他們，人生所有痛苦都來自於前面所說的第一個因素：社會壓迫，而且是披著美國資本主義民主社會外衣的社會壓迫。

誠如我在自序中所說，在美國這段期間，常有人因為我針對中國和北韓政府發表的公開言論，把我打入或批為「右派」或「極右派」，即使美國政府在不同時期都曾將兩個國家列為敵人或競爭者。但我會遭到這樣的抵制（cancellation），還有另外一個原因，那就是我批評美國某些政治文化的元素，使我想起早年我如此熟悉的極權主義傾向。所有對我的抨擊和指控並非來自單一的勢力，但主要來自一個政治陣營，那就是自認是馬克思主義者、列寧主義者、毛澤東主義者、共產主義者、社會主義者、民主社會主義者，或更廣義的「左派」各方人士。

我發現這些美國同胞，主要都在各級學校、高等學府、媒體、大企業、非政府組織、基金會、社運組織和政府部門中工作。他們通常不是第一代移民，而是土生土長的美國人，因此從未實際體驗過他們相信優於美國資本主義民主社會的政治和社會體制。

這群人當然有權利相信和鼓吹自己喜歡的鬼話，畢竟這就是民主。但我之所以煩惱，原因在於指控我批評共產主義是逾越了政治論述界線的這一批人，往往就是我的兒子即將進入的社會中，能見度最高也最具影響力的一群人。他們任職的機構負責他日後的教育；

他們打造的資訊環境將形塑他對外在世界的理解；他們負責提供許多他所屬的社群依賴的社會服務。而這一群人卻致力支持一個與我千辛萬苦逃出的國家如此相似的意識形態：左派思想。

在這裡有必要區別「左派」和「自由主義」的不同。自由主義以自由權和個人權利為基礎，包括言論自由、新聞自由、信仰宗教自由和交易自由。左派的基礎則是不將這些權利集中於個人，而是集中於國家組織及管理的團體中。自由主義忽略膚色差異，認為膚色不能也不該決定任何事。左派相信社會上的一切幾乎能夠也應該由種族決定。自由主義鼓吹種族融合和包容，左派鼓吹種族隔離和排外。

左派和自由主義者對資本主義的態度也不同。對自由主義者來說，資本主義是唯一能使多數人脫離貧窮且經過證實的方法。對左派來說，資本主義是貧窮的起因而非解方，必須藉由消滅自由市場、加強國家對經濟和個人決定的主導權，來加以剷除。至於民族主義和愛國主義，自由主義者認為有必要建立有國界、公民權和自主權的民族國家。相反地，左派支持開放國境，認為所有人類應該都是「世界公民」。（我很樂意邀請左派人士到北韓體驗當世界公民的感覺，玩得盡興！）因此，自由主義者雖然承認美國的體制存在缺陷和不足，卻仍舊相信美國值得受到眾人的敬重和愛戴。然而，左派卻認為美國的種族歧視、性別歧視、恐同、仇外和帝國主義傾向，比任何國家都要嚴重。

我要再次強調，所有美國人都有權利捍衛自己的愚蠢。問題在於，左派想盡辦法把自己跟自由主義混為一談，混淆大眾視聽，把美國曾經如此偉大又不可缺少的政治左翼毀於一旦（過去他們曾經致力於推動真正的經濟共同體和種族平等），變成一種用來從事經濟剝削和種族分裂的寡頭政治意識形態。把左派跟自由主義混為一談，就是很多美國左派得以鼓吹威權式社會政治體制的優越性，同時又無須真正體驗並承受其後果的原因。由此，他們得以繼續享受資本主義民主社會的成果（財富、社會流動性、言論與結社自由、財產所有權），同時又鼓吹大家摧毀這個體制。

這往往導致某種認知失調和自我厭惡，其表現方式是同一群人一天比一天大聲比較誰是目前體制下更大的受害者。舉例來說，紐約州眾議員亞歷姍卓・奧卡西歐－寇特茲（Alexandria Ocasio-Cortez）愈是成功，愈是利用美國資本主義民主社會讓自己平步青雲、名利雙收，她就覺得自己愈有必要扮演想像的受害者角色，呈現無可奈何遭受的迫害，以及她與她有效利用的體制的假想敵對關係。

左派多半是美國資本主義民主社會的大受益者，卻又賣弄修辭，鼓吹大家摧毀這個體制。這也說明了，他們為什麼聚焦於過去遠遠勝於未來。他們卡在對美國現今生活的自製矛盾中，儘管他們從中受益豐碩，並習慣把焦點集中在無法改變的過去，藉此鞏固自認的受害者角色，同時懲罰意識形態的對立者。因此，十九世紀黑奴的後代子孫，就算在高盛集團工作或在哈佛念書，仍是個受害者。二十一世紀中國奴工去上公立學校的第一代移民子女就不是。

寫下這些，是為了解釋我擔心兒子進入社會之後，可能被迫遵守何種意識形態。假如很多或大多數老師和教育工作者認為，他們的本分或身為人師的職責，就是教導學生「人類歷史就是一連串壓迫的歷史，而美國的存在只是為了壓迫這些受害者」，我們的子女對活出快樂又有意義的人生會抱著什麼樣的期望。他們會如何看待掌控自己人生的能力？會如何看待自己克服人生種種挑戰，以及採取行動提升自己並且貢獻社群的可能性？

創建北韓的獨裁統治者金日成能夠掌握權力，靠的是把自己塑造成偉大的領袖，甚至是全知全能的神。其中一個方法，就是承諾化解社會上所有的不平等和不公義。他說那些都是簡單且多餘的問題，需要用簡單明瞭的方法來解決。而不平等和不公義，追根究柢都是資本家的陰謀。資本家強迫每個人為應該免費得到的基本服務付費，包括教育、醫療、住宅、糧食，也就是人們賴以存活和發展的基本需求。為了使這些服務和資源變成免費且人人可得，所有形式的私人財產都應該廢除。因此，「資本家」（也就是一般大眾）從此禁止擁有自己的學校、醫院、住宅或農場。國家（也就是掌握軍力和警力的人）沒收了這些地方。想也知道後果非常悽慘，中國、越南、古巴、蘇聯、南斯拉夫，以及華沙公約組織成員國就是明證。

美國的教育、醫療、住宅、食安問題，確實有許多缺點值得大書特書，改革的迫切需求也是。但左派堅持要將這些服務和資源國有化，使人民可以免費享用，彷彿所有問題都可以歸咎於私有財產制的合法存在。這裡跟北韓模式產生了詭異的重疊，不禁教人捏把冷汗。這裡我要再次強調，相信解決社會問題的方法，不在於改革、創新，以及個人和公眾擔起一定程度的責任，而是集中國家權力、消滅私有財產制，其實就是左派高舉的受害與壓迫理論的變化版，其真正目的是要隱藏寡頭政治的崛起和掌握的權力。

我在北韓親身經歷了這個過程帶來的後果。當掌權者廢除私有財產制，偷走人民的一切，最終結果當然不是人民得以免費並自由享用生活需要的各種服務和資源，而是這些資源全部白白落入支持與鞏固政權的人手中。這樣的過程不只壯大了政權本身，也打造出一個由中級官員、官僚、幹部和軍官組成的菁英階層。這群人一邊享受他們掠奪來的財富、資產和社會不平等，一邊持續鼓吹社會主義革命（我希望這裡聽起來愈來愈耳熟）。

為了避免體制中這些明顯可見的矛盾被拆穿，掌權者及其獵犬（菁英階層）利用土地所有權來強化階級對立，跟現今的美國左派菁英利用「種族」的方式如出一轍。在北韓，如果你的祖先是農民，你的血液（也就是基因）因為沒受過有地產的資本家／壓迫者污染，所以就是高貴的。同理，若是你的祖先擁有地產，那就表示你的體內流著壓迫者的血液，永遠洗不乾淨也翻不了身。

北韓政權用這套胡說八道的血統論，把資本家打成罪人，藉此將人民武斷地分成壓迫者和受壓迫者，並以此決定誰有資格受教育，得到醫療照顧、住宅和糧食（其實就是在掩蓋這些資源根本不足的事實）。巧的是，北韓的統治菁英剛好個個血統純正，而每個囚犯、勞役、奴工和饑荒受害者，身上剛好都流著壓迫者的血液。

就那麼剛好，還真是有趣。

這幾年，我特別感興趣的是把美國人分成壓迫者和被壓迫者，因為我發現自己落到出乎我意料的那一邊——我兒子有朝一日也會發現。

我從不覺得自己是受害者，當然也從不希望美國或任何地方的人這樣看待我。但若是你告訴我，在美國這個國家，有些人因為膚色而被視為受害者，另一些人因為膚色被視為加害者，我應該會認為亞裔美國人屬於前者，畢竟攤開歷史就一目了然。

十九世紀的中期到晚期，有好幾千名中國工人被帶來美國興建縱貫大陸鐵路。他們拿到的薪水甚至不夠基本開銷，並且被迫睡在帳篷裡，而美國工人卻拿到較高的薪資，也能睡在車廂內。二十世紀初，美國制訂反亞洲移民政策，為的就是要對付當時所謂的「黃禍」。這樣的存在恐懼所擔心的是，「大批」亞洲黃種人（在報章中常被形容成靈長類動物或小孩）會污染信仰基督教的美國白人。一九三〇年代美國殖民菲律賓時，菲律賓人成為大眾眼中「被污染的種族」。二次世界大戰期間，日裔美國人（日本血統的美國公民）被抓到與世隔絕的拘留營監禁，以免他們幫助美國的法西斯敵人。冷戰期間，從越南共產獨裁政權逃出來的難民（他們遭受的戰亂和苦難，美國難辭其咎）被貶為「船民」。

亞裔美國人的歷史複雜又多面，但在美國歷史中，這群人多半因為國家認可的種族歧視、剝削、隔離而備受折磨，公民權也受到嚴重的侵犯。那麼，這表示最早幾批亞洲移民的子孫，現在就被認為身上流著「被壓迫者」的血液嗎？

剛好相反。二〇二二年夏天，美國最高法院同意審理亞裔學生提出的一起校園歧視案。根據充分的理由和證據，他們懷疑哈佛等頂尖大學歧視亞洲學生，例如校方對亞裔學生的非正式名額限制，跟二十世紀初常春藤聯盟對猶太學生的名額限制異曲同工。事實上，過去十年哈佛的亞裔學生比例一直維持在二〇％，儘管亞裔族群是美國成長最快的族群。最高法院的起訴人請一名經濟學家去調查此案，結果發現亞裔、男性、非低收入且符合資格的申請者，有二五％錄取哈佛的機率；如果他是白人則是三六％。拉美裔是七七％，黑人則高達九五％。

之所以必須限制亞裔學生的學業成就，是因為他們標準化考試的成績好得不成比例。而這當然不是他們的「血統」造成的，而是亞洲家庭和亞洲人向來以認真、用功、好學聞名。但試圖把他們的好成績跟膚色綁在一起這種作法，受到波士頓大學教授伊布拉・肯迪（Ibram X. Kendi）這類知名左派理論家及「反種族歧視」大將的支持。二〇二〇年，頂大亞裔學生限額的議題吵得沸沸揚揚之際，肯迪站出來說：「標準化考試已經變成有史以來最有效的種族歧視利器，目的就是用客觀化的方法貶低黑人和拉丁裔學生，合法地將他們排除在頂尖大學之外。」

亞洲學生從標準化考試中受益，而標準化考試又是種族歧視的利器，所以亞洲人就是支持種族歧視的壓迫者。懂了嗎？

另一個例子是二〇二〇年夏天之後開始激增的亞裔美國人遇襲案。這些平白無故在街上被陌生人毆打的人，若要激起左派菁英的一丁點同情、憤怒、甚至關注，襲擊他們的人就非得是白人（壓迫者的頂端）不可。肯迪和其他社運人士努力將這波襲擊案硬掰成「白人至上主義」作祟的例子。然而，根據把「亞裔美國人」納入犯罪受害者的全美犯罪數據，事實並非如此。二〇二〇年開始遇襲的亞裔美國人中，其攻擊者有二七．五％是黑人，二四．一％是白人，二一．四％是拉丁裔等其他族群，二四．一％是亞洲人。

這也說明，平常熱中於揭發種族暴力的媒體和左派政治人物，為什麼對探討亞裔美國人遇襲的現象興趣缺缺。犯罪者很多都有「被壓迫者血統」，而被害者全都有「壓迫者血統」，此一事實使這起引發公憤的事件超出了可接受論述的範圍（儘管廣義的亞裔美國人投給民主黨的票比共和黨多一倍，也得不到左派菁英的認同）。

除了太會考試和被錯誤的族群當成攻擊對象，今日的亞裔美國人還犯了另一個不可饒恕的錯，那就是太快樂、太愛國。在一次又一次的民調中，大多數的亞裔美國人都表示對生活品質感到滿意、對未來感到樂觀，並以自己的國家為榮。（唯一結果相反的一份數據是，愈來愈多亞裔美國人擔心種族歧視會危害他們的人身安全。）但這不需要做民調也知道：十年前亞裔移民便已經超越拉丁裔移民，成為美國成長最快的移民族群，而來到這裡的人大多想留下來，成為美國公民。

經濟學家稱之為「顯示性偏好」（revealed preference）。也就是說，人真正的信念（而非只是嘴上說的信念），可以從他們選擇如何花錢和住在哪裡看得出來。有時這也稱作「用腳投票」——真正被壓迫的人（而非只是嘴上說**覺得**自己被壓迫），通常會遷移到其他更自由的地方。

為了判斷許多左派菁英意識形態的真實性，值得來看看這些人的「顯示性偏好」。反種族歧視和批判性種族理論之類的意識形態主張，菁英制度、不看膚色、機會平等，以及其他馬丁·路德·金恩和民權運動提倡的價值，不過是用來掩飾白人真正目的的工具，最終都是為了繼續壓制黑人及其他少數族群。美國無疑跟許多國家一樣，種族之間的傷痕仍未癒合，非裔美國人的歷史也在美國的種族、社會、經濟和政治發展過程中，占有獨特的地位。但若是反種族歧視和批判性種族理論對當代美國（二〇二三年的美國）的分析是正確的，我們又如何解釋這些意識形態的支持者和鼓吹者選擇留在這裡的事實？身上流著「被壓迫者血液」的美國人為什麼沒有大出走，遷往別的國家？而這些意識形態的擁護者，任職於媒體、大學、非政府組織，以及其他高薪菁英機構的比例，為什麼又特別高？

再者，我們又如何解釋美國成長最快的移民族群之一，是來自非洲和加勒比海的黑人？二〇一九年，全美估計有四百六十萬非洲及加勒比海的黑人移民，而且增加速度快到令人吃驚，如今美國黑人當中，每十人就有一人是移民。近幾年來，黑人移民不只來到美國落地生根，也快速攀上教育程度和專業成就的顛峰。事實上，從教育程度、終身收入、離婚率和出生率等各方面來比較，現今美國最成功的族群都非奈及利亞裔美國人莫屬。

這就是所謂的「用腳投票」，而左派意識形態對這樣的結果卻無話可說。

幸好我從這一切當中，看到了一絲曙光。

左派意識形態（不同於自由主義或自由主義理念）在美國愈來愈自相矛盾，難掩其荒謬可笑，因此一般大眾，尤其是家長，開始出現拒絕買單的跡象。二〇二一年一月，爆發「家長是否有權反對公立學校灌輸學生左派種族意識形態」的爭議之後，愈來愈藍（譯注：民主黨的代表顏色）的維吉尼亞州選出了一位共和黨州長。前州長泰瑞·麥考里夫（Terry McAuliffe）否決了學校應告知家長爭議新課程的法案。選戰期間，麥考里夫說：「我不打算讓家長跑來學校把課本收走，自作主張……我不認為應該由家長來告訴學校該教什麼。」共和黨候選人格倫·楊金（Glenn Youngkin）則是主張，家長當然應該參與兒女的教育。楊金贏得選戰後，他和他的女性副州長——牙買加裔的溫森·西爾斯（Winsome Sears）和州檢察長——古巴裔的傑森·米亞雷斯（Jason Miyares），遭MSNBC新聞頻道批為「白人至上主義者」，因為他們鼓吹學校應該對其社群負責的民主概念。但維吉尼亞州選民憑藉著常識和待人處世的基本道理，看穿了他們只是利用北韓式的種族分化手法，把所有反對批判性種族理論的言論都貶為「壓迫的」言論。

同樣地，二〇二二年二月，深藍大本營舊金山的選民投票罷免舊金山教育委員會的全體三名委員，同意票超過七成，大獲全勝。新冠疫情期間，舊金山教委會長期關閉學校，學生無法到校上課，造成最貧窮、最弱勢的學生極大的損失，同時卻不斷討論，以林肯這類知名白人至上主義者命名的學校是否應該改名。此外，教委會取消該區明星高中洛威爾的成績錄取制，由於該校亞裔學生的比例特別高，受牽累的比例也特別高。只要沒有影響到自己，舊金山選民尚且願意遷就左派的意識形態，但這次受到影響的是他們的子女，他們再也忍無可忍。

我確實為兒子日後進入紐約教育體制的狀況而擔憂，畢竟該體制向來不以保持理智和遠離政治紛爭而聞名。但維吉尼亞州和舊金山家長立下的榜樣鼓舞了我。他們不但識破了美國版左派思想的謊話，也藉由選票以及為社群發展負起一己之責，展現他們對民主本身不變的信念。他們不滿足於「有些他們無法掌控的力量在欺壓他們」的方便解釋。他們知道自己犯的錯，也為此負起責任，並決定採取行動、改善現狀。

所以，我對兒子這一代的孩子進入學齡後的發展，仍抱著某種程度的希望。無論如何，我都會確保他得到他所需也應得的教育。

然而，我比較無法掌控的是他的安全——還有我的。

7 風城遇擊記

在北韓生活的十三年間，我從沒看過世界地圖，也從來不知道世界上除了日本帝國主義者和美國壞蛋，還有其他民族。所以，我當然也不曉得世界上有多少國家，種族就更不用說了。在我的認知裡，北韓就像太陽，是太陽系的中心，其他民族都圍繞著我們打轉，除了像美國壞蛋這種已經被偉大的神人金日成消滅的民族。

很久之後，當我學到世界上的國家、地球、太陽系、銀河和日漸膨脹的宇宙時，我覺得腦袋就像一顆超新星一樣快要爆炸。想像一下跟火星來的外星人解釋什麼是指尖陀螺，那就是嘗試跟北韓人解釋行星系的感覺。

除了北韓教育的種種缺陷，這樣的結果還有一個很好的理由。當一個人晚上肚子咕嚕嚕叫，是為了提醒她不要睡著，而不是想法子減輕逐漸逼近的飢餓，物質和能量的起源跟時空理論對她又有什麼意義?當我的身體用這種方式跟我溝通時，我常仰望天空祈求憐憫，只希望上面有人或任何力量會聽到我的呼喚。這就是我前半人生的常態。我祈禱奇蹟降臨，天空會打開一扇門，有人把食物從那扇門丟出來，掉在我腿上。那就是我跟星辰唯一的關係。

大自然本身就不同了。與其說我跟它祈求，不如說我對它又妒又羨。我嫉妒小鳥和老鼠，牠們只要拍拍翅膀或動動腳，就能逃到中國並輕易找到食物。我尤其嫉妒小鳥。每個小孩到了某個成長階段都渴望自己會飛，那其實是想要超越世俗生活，像漫畫裡的英雄或迪士尼卡通裡的人物一樣，擁有超人的力量。然而，我想飛卻是因為不想當人，或是北韓定義下的人，那樣就可以隱藏自己的行蹤，行動更自由;不為別的，只希望自由自在地飛翔，到處去找食物。

來到美國之後，我對很多種類的自由感到讚嘆，「移動的自由」是前幾名之一。肚子餓了，可以直接走進店裡買東西吃;想見朋友或出遊，就去搭火車;想探索其他城市、認識新朋友和新景點，就跳上車或去坐飛機。若是你從來沒有嫉妒過小鳥，甚至鴿子(我猜大多數人都沒有)，就很難理解這樣的自由有多珍貴。

二〇一九年初，我還在哥大讀大四時，就運用這樣的自由跟我先生搬去伊利諾州的芝加哥。在這之前我去過風城很多次，因為我先生在那裡工作，我也在那裡生下兒子。

搬來之後，這裡和紐約的一些朋友告訴我，在這座城市的某些地方要注意安全，他們尤其經常提到「南區」，顯然那裡犯罪率特別高。雖然我在紐約住了三年，聽到二十一世紀的美國仍有地方危險到連美國人都覺得不太安全，我還是不太習慣。另一些人告訴我，雖然不建議我到南區亂逛，但我應該不會有什麼危險，因為那裡的犯罪率主要是當地警察和居民所謂的「黑人對黑人案件」（一種異常冷血的陳述法）所構成的。這裡的市長是黑人，人口有三成是黑人（全國平均值的兩倍），並擁有值得驕傲的民權運動史，大家竟然覺得芝加哥**對黑人來說**很危險，實在令我納悶。此外，大家竟然這麼說全美最藍的州當中最先進的城市，也同樣令我納悶。

大四下學期，我每週來回芝加哥（我當時的丈夫在那裡經營公司）和紐約，把哥大的課修完。儘管覺得哥大的課程收穫有限，我仍下定決心要讀完大學，唯一的理由是我爸一直希望我拿到更高的學歷。為了學位，我願意多忍受一年每況愈下的「覺醒」宣傳鬼話。此外，我也聽說大學學位有助於找到推動人權的工作。

本來，我考慮到聯合國之類的國際組織從事人權相關工作，但我對它們的效能已經日漸幻滅。坦白說，我甚至再也無法理解聯合國的目標，甚至存在的價值。直到今天，北韓仍是聯合國的正式會員。也就是說，北韓在聯合國大會的一票等同美國的一票，而且得以投票表決人權決議，以及主持廢除核武委員會！從二〇〇五年起，聯合國大會每年都通過譴責北韓人權現況的決議，但這當然毫無實際作用。這些無意義的決議從未幫助過任何一個北韓獨裁政權的受害者，其唯一目的顯然只是讓自命不凡的外交官和聯合國官員滿足自己的道德虛榮心。

不用說，拿到哥大政治系的人權研究學位之後，我就不再考慮到聯合國工作。當時我沒有參加畢業典禮，因為根本沒辦。那是二〇二〇年的五月。

第一波疫情全面爆發，而在美國，紐約就是爆發的中心點。

二〇二〇年二月，我跟所有人一樣開始追蹤令人心寒的消息。一種新的冠狀病毒在武漢爆發，逐漸擴散到全世界。雖然病毒也在歐洲出現，並開始重挫義大利的部分地區，美國人仍舊相信病毒不會侵襲美國，我們不會需要戴口罩或封城，這類只有貧窮、落後或人口過多的城市才需要採取的措施。當時我甚至覺得，跟我經歷過的許多事比起來，一場病毒引起的全球流行病根本不算什麼。

到了三月，芝加哥開始封城。三月二十日，市長發布居家防疫命令。學校和商店暫時關閉。這時尚未規定要戴口罩，後來非醫護人員去買口罩甚至被視為自私的表現，再後來出門不戴口罩變成違法行為。超市之類的室內空間維持開放，遊樂場之類的戶外空間紛紛關閉。政府開始宣導「接觸者追蹤」的重要性，但似乎從未真正落實。當局也談到「普篩」的必要性，第一年卻為製造快篩劑的公司設下重重法規，使得便宜好用的快篩劑幾乎像違禁品一樣難以取得。美國人怪罪彼此遵守或不遵守政府的規定，但政府的規定其實每天變來變去。情況一團亂。

看在一個東亞移民的眼中，這簡直是一大奇觀。在南韓實行起來快速、成本低且爭議相對少的有效公衛措施，卻讓美國四分五裂。我在芝加哥住的大樓，有些父母甚至不敢讓新生兒出門，把孩子關在家裡超過一年。

美國的防疫措施最引人注目的一點就是荒腔走板，即使當時我們對病毒所知有限，包括它從何而來、傳染途徑為何、如何治療，以及可能造成何種長期後果。中國決定採取「清零」政策；瑞典等國決定等待群體免疫，也就是所謂的「佛系防疫」。無論這些不同的政策是否適當，它們至少前後一致，人民也理解該如何遵循。在美國卻剛好相反，隨著疫情逐漸蔓延，政策好像愈來愈莫明所以。酒吧重新開放時，公立學校仍然關閉。當局准許大人脫下口罩的同時，卻強制學童把布口罩升級為醫療口罩。

先是店家紛紛關閉，不過若是需要為加州州長葛文．紐森（Gavin Newsom）提供晚餐，或是為眾議院議長南西．裴洛西設計髮型，或為舊金山市長倫敦．布里德（London Breed）供應雞尾酒，顯然就可以繼續營業。接著，還沒破產的店家獲准重新開張，但人流量要控制在四分之一。用餐者飲食、說話時可脫下口罩，可是進出餐廳都要戴上口罩。當局呼籲大家保持六呎的社交距離，再來是十呎。後來夜總會重新開放，接著又再關閉，過一陣子又重新開放。

看待這一切唯一適當的方式，我想就是兩手一攤，一笑置之。在我看來，美國人喜歡把文化、社會和政治議題一律畫分成左派／右派、自由派／保守派、藍／紅的習慣，這次顯然不適用。大家都有點無所適從，少數公開鼓吹採取極端立場的人，自己私底下也沒有按照這樣的立場生活。

然而，這場全球大流行疾病，很快就把許多美國人的文化和政治立場分成對立的兩邊。那年剛好是大選年，更是雪上加霜，偏偏川普又是個很會分化族群的總統，選民不是對他超級死忠，就是對他恨之入骨；前者把什麼好事都歸功於他，後者把壞事都歸罪於他。此時的美國就像一條裸露在外的巨大敏感神經。

接著，在二〇二〇年五月二十五日，我畢業還不到一週，明尼亞波利斯的一名警察殺死了一個名叫喬治．弗洛伊德（George Floyd）的無辜黑人。

弗洛伊德命案掀起一連串的示威抗議，導致芝加哥在五月二十九日到六月一日連續幾晚發生暴動和洗劫事件。芝加哥市區有不少小公司和商店徹底被毀，包括黃金海岸和密西根大街上「華麗一英里」的店家。藥局、兒童醫院、慈善團體等店面和建築物，有的被燒光，有的被砸爛。每晚都傳出激烈的槍聲，趕去救人的警車、消防車和救護車的警笛聲似乎從未停過。因為有人揚言要破壞芝加哥的基礎建設，芝加哥河的所有橋梁全數升起，我住的市區只剩一座高度戒備的橋，可通往芝加哥的其他地區。白天，我們得通過很多檢查站才能在市區通行，晚上還有宵禁時間。

暴動期間的某一天，我丈夫出門去收集第一手消息。密西根大街離我們家才一個街區遠，沿路幾乎每間商店都慘遭洗劫或洗劫未遂（明顯的例外是香蕉共和國服飾店和 Orvis 釣魚用品店）。多名警察站在外面，眼睜睜看著明目張膽的偷竊行為在眼前發生。警察顯然是奉市長之命袖手旁觀，除非發生暴力犯罪才出手制止。

雖然外頭氣氛大致歡樂，大家似乎也玩得開心，但是待在外面還是不安全。那天晚上，我丈夫聽到附近有人開車掃射、槍聲響個不停，覺得待在外面可能不大明智，於是就回家了。那天我們都很慶幸自己住在高樓層公寓，得以避開飛來飛去的子彈。但一樓的超市就沒那麼幸運，那天晚上慘遭洗劫。兩週後，離我們的公寓才五十五碼遠的麥當勞叔叔之家窗戶被砸。「最平和」的暴徒連收留病童的地方都不放過。

我的（線上）畢業典禮就在那週舉行，我母親特地從南韓飛來看我們。暴動的聲音不絕於耳，不只是救護車的警笛聲，連對街大樓也傳來玻璃碎裂聲，嚇得她晚上輾轉難眠。那一整個禮拜，我跟媽媽密切追蹤地方和全國的電視新聞，觀看芝加哥和全美各地暴動的報導，我在一旁為她翻譯。對這段時間主流媒體的反應感到匪夷所思的人，只要看看我母親的表情就知道自己並不孤單。她一邊看著建築物火光四起、窗戶被粉碎、商品遭洗劫的畫面，我一邊為她翻譯報導內容：「全美各地的抗議種族歧視活動多半平和，只有少數害群之馬和個別的暴力事件。」

當她跟我說，這些畫面讓她想起朝鮮中央電視台（北韓主要的電視頻道）時，我能說什麼？至少我知道，我不是唯一覺得美國的某些發展令人想起我的出生地的人。

我要再次強調，我知道這在美國人聽來有多荒謬，而我當然不是把每件事都拿來一一比較。拿「顯示性偏好」和「用腳投票」來說，美國和北韓之間顯然完全無法相提並論！但因為我深愛美國，拚了命要抵擋破壞這片土地上的自由的勢力，所以我確實根據我對北韓的所知所見，來說明美國的自由權受到的威脅，而非誇大。而在二〇二〇年的夏天，很難不發現美國的一些社會現象使我想起北韓。

試想，什麼是「危機政治」？打從金日成上台，平壤政府就以內亂外患的威脅為由，合理化中止人民權利和懲戒異己的作法。韓戰期間，北韓把這場戰爭視為求生存的革命之戰，因此自由思辨（或「反革命思想」）不僅無益現狀又麻煩，對政府來說也會煽動人心。持續面臨生死存亡的威脅，就表示文明的某些基石（如新聞自由或法律之前人人平等），必定會被視為用來打擊政府的武器，破壞國家對抗美日帝國的行動。金氏家族，以及朝鮮人民軍和朝鮮勞動黨組成的階層（即北韓菁英），相信自己是這場革命的守護者，被召喚來導正歷史的走向。

美國菁英在二〇二〇大選之年又如何反應？如果這也算一場危機的話。根據我的印象，那可是除掉白宮的法西斯主義者、總統辦公室的蘇聯傀儡、把小孩關在鐵籠裡的白人民族主義者的最後機會。在這樣的情況下，報導真相不再被視為一種民主規範。拜登之子的筆電事件（譯注：二〇二〇年美國總統大選期間，拜登之子的筆電資料外洩，揭露拜登父子與烏克蘭和中國的可疑商業往來）更證明，面對存亡危機時，報導真相竟被視為一種難以負擔的奢侈。無論是新聞媒體、大學、大企業、科技公司、政府部門、國家安全部門、非政府組織和慈善基金會，幾乎所有全國性組織的管理菁英都認為，放棄這些規範不但合理，也是愛國的表現。由於川普連任構成的威脅，大家必須同心協力才能將他擊敗。美國菁英相信自己是共和體制的守護者，被召喚來導正歷史的走向。

跟北韓的危機政治一樣，美國的反川普運動聲稱要抵抗威脅，但其實沒有提供其他選擇，不過是打造了一個回聲室，統治階層在裡頭證實了自己對內憂外患的恐懼。通俄門事件（譯注：指二〇一六年美國總統大選期間，俄羅斯試圖干擾選舉，幫助川普當選）尤其讓領導菁英彷彿撿到槍，得以把自己的無能和冷酷怪罪於外國的敵人，殊不知他們會敗給政治新手，其實是自己造成的。對北韓政府來說，美國的顛覆行動、日本的殖民擴張、內奸的暗中破壞，也具有類似的功能。有了這些理由，北韓政府當然就不用對它造成的各種浩劫負起責任。

此外，如果北韓永遠不准許「危機」被平息（以免國家失去永久中止人民權利的正當理由），美國的統治階層同樣不願意白白浪費一場好危機。因此，通俄門的指控瓦解之後，反川普陣營又找到另一種保持危機常在的新方法：種族戰爭、警察暴力，以及覺醒戰爭組成的多條戰線。

這裡跟北韓的相似之處尤其啟發人心。批判性種族理論和反種族歧視跟馬列主義（還有北韓的分支——主體思想）一樣，都運用了艱深難懂的詞彙和概念，然而，與其說它們是政治改革工具，不如說它們是社會階級區分機制，盡可能把統治階級和一般大眾分開。在美國，喬治．弗洛伊德命案和「黑人的命也是命」運動之後，菁英階層開始強迫一般大眾和受僱者參與「多元化訓練」，將「覺醒主義」（wokeism）這種官方意識形態內化，變成校園和職場的基本設定（在毛澤東統治的中國，意識形態敵人被公開羞辱和指控莫須有罪名的場面，被稱為「批鬥大會」）。此外，他們也用這種方式，把社群媒體和各個場域的政治和意識形態異端消音並下架。為了生存，美國的學生和受僱者不得不掌握這套日漸複雜的規矩、例外，以及怪裡怪氣的意識形態和語言。

在二〇二〇年夏天加速運轉的這套代表進步的美國官方意識形態，也跟北韓一樣，嚴重心口不一。在北韓，腦滿腸肥的黨幹部之子，破口大罵一個瀕臨飢餓邊緣的農民對偉大的領袖不夠忠貞，並不是少見的畫面。二〇二〇年美國進行「種族清算」期間，也出現了某些現象，例如白人雜誌編輯教訓一名黑人建築工人，因為「內化的種族歧視」而打算把票投給錯誤的總統候選人。

如此看來，「覺醒」（wokeness）如今似乎成了一種討人厭的修辭方式，治理菁英用它來掩蓋其真正的目的：強迫大眾支持一個不斷擴大的體制，裡頭的規範基本上沒有什麼道理，只是設計來控制下層階級。

假如這還不會讓你想起北韓的共產獨裁政權，我就不知道什麼才會了。

二〇二〇年夏天，我在美國還發生了另一件事。這件事對我產生重大的影響，從很多方面來看，那都是促使我寫下這本書的動機來源。

八月十四日，芝加哥風和日麗，我決定帶著兩歲的兒子到密西根大街散步，我們的保母（一個戴頭巾的穆斯林少婦）也一同前往。那時候，我們已經長時間待在家裡，我希望兒子到戶外呼吸一些新鮮空氣。

下午四點剛過，我們走在華麗一英里上，離簡伯恩公園才一個街區，我發現有幾個人緊跟在我後方，一轉頭我就看見兩個女人，她們立刻圍住我，其中一人把我推向一棟建築物外面的大理石柱子。她把我壓在柱子上，另一個女人則開始翻我放皮夾的手提包，然後狠狠打了我胸口一拳。我試圖報警時，其中一個女人把我手中的手機打掉並丟到街上。我伸手去抓其中一人的手臂，並開始大聲求救，同時要保母快把我兒子帶往附近的梅西百貨。兒子看見對方出手打我，臉上的表情非常害怕。

等到她們終於放開我，抓起我的皮夾準備逃跑時，我跑去街上撿起我的手機，開始錄下她們逃跑的畫面，一邊大喊我被搶了。其中一個女人轉過頭，大喊著說，我用手機拍她跟打電話報警的行為是種族歧視。「膚色不代表一個人就是小偷！」她對我怒吼。人行道上，有個看來只是一般路人的女性顯然聽到她的聲音，也開始一次又一次尖聲罵我：「種族歧視！」而搶我皮夾的兩名女性都是黑人。

密西根大街是一條非常繁忙擁擠的街道，我們的爭執很快引起一陣騷動，但這個時候卻以一種荒謬至極的樣貌鋪展開來。很多旁觀者開始吼我，看上去各種族群都有。我尤其記得有個白人女性跟青少年子女（應該是她的小孩）站在公車站前，她一邊看著我、一邊大聲跟兒女說，他們正目睹種族歧視在眼前發生。

我報警之後，警察在三十分鐘之內抵達。他們好心問我要不要就醫，我禮貌地婉拒了。他們告訴我，我沒挨槍或挨刀算我幸運，還說在這種情況下，我萬萬不該反擊，因為保住性命比較重要。他們幫我做了筆錄，逮到嫌犯（打我的那個女人）之後，還讓我從一排犯人中指認她（搶走我的皮夾之後，她在計程車上和零售店使用我的信用卡，留下可供警察追蹤的清楚足跡）。最後我決定告她。一查之下，才知道她已有多次前科，包括重傷害罪和非法拘禁（已認罪）。後來檢方根據認罪協議撤回搶劫指控，她則必須服刑兩年作為交換。《每日郵報》這份小報最後刊登了這起事件，公開襲擊者的姓名和照片。大家跟我說，這並非理想的處理方式，因為「復仇犯罪」和「復仇殺人」在芝加哥並不少見。

直到今天，我依然很納悶，那天密西根大街上人來人往，她們為什麼偏偏找上我？但那年夏天亞裔美國人頻頻遇襲，這麼看來，我想答案也並不難解。同樣地，根據最新的犯罪數據，襲擊者中約有四分之一是黑人，約四分之一是白人，四分之一是拉丁裔及其他族群，剩下四分之一是亞裔。我至今仍想不通的是旁觀者的反應。他們眼睜睜看著一個年輕母親在自己兒子面前遭人襲擊，卻連開口聲援都不願意，反而選擇煽動襲擊者，對著我無理咆哮。對我來說，這就是這場「覺醒」狂潮有多猖獗的一個跡象，還有它把正常人變得多麼的不人道。這就是覺醒運動對美國生活的唯一貢獻：把人簡化成他們身上的膚色，由此決定他們配不配得到幫助、尊嚴，或人身安全。美國民權運動英雄若是地下有知，應該也會死不瞑目。這就是我寫這本書的理由。

8 你的就是我的

二〇一三年初訪美國時，這個國家最令我驚訝的一件事，就是生活**富足**到不可思議的程度。即便是德州泰勒這樣規模相對小的城市，人口才十萬六千人，不過是德州第三十三大的城市，全美第兩百九十九大城市，但路上到處是商家店面，販售各式各樣的商品和服務。放眼望去都是嶄新整齊的商品，包裝完整並貼上標籤，隨時供人消費購買。假如一天將盡時，店裡的某些商品變少，隔天一大早架上又會補滿，有如魔法一般。

在北韓，我們有jangmadang（黑市），幸運的話，能在裡頭找到一些生活必需品（比方乾貨），或是奢侈品（例如中國的仿冒球鞋和手提包）。即使我逃出北韓，最後抵達南韓，在首爾的一般商店，特定商品可能也只有一、兩種選擇。然而在美國，每種商品似乎都有**無止境**的選擇。在一間典型的大賣場裡（不是那種有特色的高檔有機食物商店，只是你常去的連鎖超市），你會看到**十幾種**蘋果，每種都取了好聽的名字，比方蜜脆、加拉、粉紅佳人、富士、澳洲青蘋。像牙膏之類的包裝商品，你會覺得每間公司都為不同人的人生不同階段提供了不同口味的牙膏。我發現「牙刷」在美國不會只是牙刷，還分軟毛、硬毛、軟硬適中毛；電動牙刷和一般牙刷；大人牙刷和兒童牙刷；男生和女生的牙刷；星際大戰或玩具總動員的圖案。有時候，選擇多到讓我不知所措。要是我做錯了選擇呢？要是我沒選到最好的呢？我不習慣日常生活要如此頻繁地做各種不同的選擇。

我也不瞭解很多我在架上看到的商品為什麼會存在。我從沒想過水果需要削皮，而且可以用**削皮器**來完成，或是食物不該放在碗裡或盤子上烹調，而是放進鑄鐵鍋裡煮。不過，後來我改變了對這些產品的看法，現在兩個我都很愛用！而這就是資本主義的厲害之處。這些看似愚蠢的產品背後的祕密就是：它們最初之所以存在，就是因為滿足了一般人的需求。市場存在需求，製造者滿足了這個需求，消費者因此受惠。一條供應鏈就此產生，其中的每個節點扮演的角色都會得到回報，企業則從售價和成本之間的差距賺取利潤。一條完整的經濟價值鏈，裡頭包含無數個微經濟體，就這麼完美地陳列在美國商店的每條走道和每個貨架上。

每種產品有這麼多選擇，也表示有許多人搶著滿足美國消費者的需求。大多品牌不只在價格上較勁，還有口碑評價、附加特色，或是販售策略，例如量多折扣。後來我讀了十八世紀蘇格蘭經濟學家亞當・斯密，也就是「資本主義之父」的書才發現，這些是靠專業化分工達成的。一個人負責做鋁合金刀片，一個人負責做塑膠刀柄，另一個負責做橡膠握把——你瞧，組合起來就是削皮器，然後再由另一個人跟製造商進貨，送到店裡賣給顧客。沒有人負責全部的流程，但每個人都負責其中一項。這種作法跟北韓的官方意識形態「主體思想」完全相反，後者提倡的是「自給自足」，每個人都應該獨立自主，不假外求。實際上，「主體思想」指的當然是一切都無法運作，所有人都在餓肚子。

貿易是美國所有商店的另一個重要成分。每家店不只販售數不清的本國商品，還有來自世界各地的商品。若價格是你最大的考量，你可以買越南製的商品。若品質是你最在意的事，你可以買德國製的商品。若地方永續發展是你重視的價值，你可以買北美製的商品。無論你的考量或需求是什麼，都能找到適合的產品。

在美國待得愈久，尤其是紐約（匯聚各地移民的大熔爐），我發現資本主義不只推動了美國的發展，也促進了全世界的發展。資本主義不只為消費者製造出各式各樣的產品，也幫助數十億人口脫離貧窮和飢餓。此外，它也是人類目前為止打造出的體制中最民主及公平的一種。在資本主義社會中，每個消費者「投票」的方式，就是把辛苦賺來的錢花費在他們喜歡的商品上。這遠比把票投進投票箱更清楚表達了他們真正、根深柢固的喜好。舉例來說，你若是反對使用童工，可以拒買童工製造的產品。若是支持某種耕種或製造方法，你可以跟奉行這些方法的店家消費。若是你想支持某個處境艱難的國家，你可以買該國的出口商品。

在社會主義體制內，沒有人有以上的權利。就算你反對童工、不人道的工作環境或不合理的薪資（那也沒辦法，因為在社會主義體制下，你根本沒有選擇），你也無法改變現狀，因為你能買的唯一商品，就是國家替你選擇的商品。事實上，缺乏自由市場和資本主義的社會幾乎無法改變，除非是透過暴力行動。

我漸漸相信，唯有透過資本主義，我們才能建立一個更公平、更人道的社會。譬如，若有更多人選擇購買人道飼養的動物製成的肉品，或是拒絕僱用現代奴工的生產鏈製造的產品，透過這些微小的個人決定累積成強大的改革力量，我們可以實際改善這個世界。這就是資本主義的美妙之處，沒有其他社會或經濟體擁有這種力量，包括（而且往往尤其是）

社會主義。

在北韓，資本主義的概念少之又少（例如，金氏政權禁用「利潤」一詞）。但少數僅剩的資本主義概念，證明它們遠比其他意識形態觀念更符合人性。從北韓也有「地下經濟」（跟古今所有社會一樣）這一點最能理解。透過地下經濟交易的人們，憑直覺就知道如何像資本主義商人和產業巨頭一樣買賣交易。我父親在北韓時被分派到惠山的工廠工作，但工廠已經奄奄一息，生意慘澹，除了廢氣之外，根本沒製造什麼產品。我父親總是把餵飽妻小擺在第一位，因此他做了一個危險無比的決定：開始自己做生意。他從買賣魚乾和香菸開始做起，後來覺得賺頭不大，轉而走私金屬到中國。這種生意雖然好賺卻也非常危險，因此有段時間我們家過著優渥的生活（按照北韓的標準）。

父親被捕之後，我們的收入可想而知一落千丈。大約十一歲時，我決定跟隨父親的腳步，學做生意。

如同我在《為了活下去》所述，我母親借我一些錢當創業基金。我拿這筆錢去買米酒，賄賂一座公家柿子園的守衛。收下米酒之後，他讓我跟姊姊溜進果園摘柿子。我們用一個大金屬桶裝了滿滿的柿子，然後走好幾哩的路帶回高原的黑市販賣。一九九〇年代饑荒肆虐期間，這類黑市在北韓各地紛紛冒出。

「超好吃的柿子！」我對路人大聲叫賣：「來買呦！」幾週之後，我就賺夠錢還我媽本金、買一些糖果，並且再買一瓶米酒去賄賂守衛。太神了！我雖然才十一歲，沒讀什麼書，但自然而然就會做生意，許多人都是如此，只要被賦予這種自由。那段時間，我絞盡腦汁設法賄賂其他果園的守衛，這樣我的貨品才會更多樣，賣出的東西也會更多，賺進更多的錢。

但我的柿子和米酒生意沒有持續太久，因為我們的鞋子很快就因為頻繁來回果園而磨壞，我媽也沒有錢常常買新鞋給我們。儘管如此，到市場擺攤的短暫經驗還是讓我學到一件很重要的事：**一旦開始自己做生意，你就會開始獨立思考**。

這就是資本主義對威權主義如此有害的原因。自稱與資本主義為敵的人，口口聲聲說他們要對抗的是不平等、不公義和剝削，但社會主義體制下的不平等、不公義和剝削，當然比資本主義社會來得嚴重。其實反資本主義者追求的不是社會公義或社會進步，而是把人獨立思考的範圍窄化。資本主義賦予人類個體獨立思考、獨立行動，從而累積財富的自由，才是資本主義現今在美國日漸受到質疑的真正原因。

芝加哥大學教授米爾頓・傅利曼（Milton Friedman）是二十世紀最有影響力的經濟學家之一，並在一九七六年榮獲諾貝爾經濟學獎。他曾經寫道：「只有在實行資本主義和市場以自由貿易為主的地方，平民百姓才真正擺脫了貧困生活。」這一點，連在中國這樣的共產國家都絲毫不假。文化大革命之後，中國有限地引進資本主義和自由市場，使好幾億人擺脫貧窮和文盲。一九九〇年之後終於掙脫蘇聯的統治，變得繁榮又富裕的中東歐國家也遵循同樣的路徑。人類歷史上最富裕的國家——美國，同樣如此。

那些必須向國稅局申報營業稅，或跟美國無數監管單位申請各種營業執照的人，或許無法一眼看出這點，但美國格外支持企業發展，尤其跟世界其他地方相比。儘管規定繁雜，也不是所有誘因都很到位，但全世界沒有一個國家的經濟體制比美國更有利於創業者。因為如此，移民到美國的創新者、創作者和夢想家比其他國家都多（假如你認識任何人覺得美國頑固又仇外，不需跟對方爭辯，只要請他們解釋，為什麼申請美國簽證、綠卡和入籍的人比其他國家都多就行了）。

現今美國有人認為，「商業」和「投資」可以說等同於「詐騙」。這些人不瞭解的是，創業不只是想出創新的方法賺錢，比方用錢打通關係，潛進果園摘水果拿去賣。創業也是找出人類的深層需求，並想辦法滿足該需求，由此打造出產品、服務和工作機會——來工作的人或許有天也會有自己的創業構想，而且十之八九也得養家、繳稅和置產。成功的企業家**當然**應該從他們打造的產品和服務中得到金錢上的回報，無論回報是多是少。

對像我這樣在北韓出生的人，以及世界上數十億的人來說，企業家精神、自由企業制度、自己創業、創業致富，這些價值都神聖無比，而且對社會的幫助無止無盡。此外，這些體制也繁複得不可思議！對一個北韓移民來說，理解紐約證券交易所如何運作，就像學習第五維度弦理論一樣困難。我之所以在哥大修經濟學，主要目的就是用最短的時間盡量學習現代經濟學、金融和商業方面的知識。

因此，當我看到這些基本價值在美國受到抨擊，才如此令人擔憂（但我發現這些抨擊主要來自生活優渥、擁有高學歷的專業人士，極少來自下層或勞工階級）。州政府、聯邦政府和其他地方自認是社會主義者的一群人，批評美國體制獨厚他們當時（我剛來美國時）所謂的「百萬富翁階級」——現在改稱為「億萬富翁」階級（或許現在他們之中有太多人也成了百萬富翁？）。他們顯然不認為美國是一個以中產階級為主的國家（估計美國人有五〇%到六五%生活在中產階級家庭），而是一個階級分明的國家，人民只能靠著使用特權和系統化剝削下層階級來累積財富，而不是靠努力或是創新。紐約州眾議員亞歷姍卓·奧卡西歐－寇特茲於二〇二〇年說的以下這番話，最能呈現這樣的思維：「沒有人賺取過一億美金，而是**拿走**一億美金。」那麼我猜，當奧卡西歐－寇特茲眾議員購買蘋果手機、租豐田汽車、搜尋谷歌、在 Instagram 上發文時，這些公司都**拿走**了她（由納稅人買單）的薪水？我想她並不是心甘情願地**付錢**買她愛用的這些商品和服務？

意識形態和她這樣的人一致的人，常指出資本主義經濟體制容易受政治遊說的影響，因而走向腐敗的缺點。這種說法最多只說對了百分之一。所有經濟和政治體制都容易不敵貪腐，但只有資本主義體制有能力自我修正。鐵路遊說團體要等汽車發明之後，才會式微。煤礦遊說團體要等水力壓裂這種採油技術出現，才會失去影響力。石油和天然氣遊說團體要等便宜、高品質的綠色科技出現之後，效力才會減弱。試圖壓抑創新和市場，不會從此**減少**遊說，只會鞏固那些先打進市場的人擁有的優勢，導致腐敗更加惡化。

資本主義有許多缺點，但三百年來，沒有社會提出更好的替代方案；根據我所知，除了大學生、大學教授和政治人物之外，也沒有人吵著要換另一種體制。事實上，沒有任何一個奉公守法的美國人應該為自己的成功感到抱歉，而美國絕大多數的成功故事，確實都建立在善待工人和遵守法規的基礎上。另一方面，也沒有任何一個美國人被迫選擇他們不想做的工作，或是被迫從事他們不喜歡的行業。政府無法強迫你創業。然而不幸的是，疫情期間我們發現，對商業和企業懷有敵意的政治人物確實能夠設法強迫你關店。

我很喜歡米爾頓．傅利曼說的另一句話：「將平等置於自由之前的社會，兩者都會落空。將自由置於平等之前的社會，兩樣都能達到高標。」傅利曼的意思是，優先考慮平等的社會，永遠無法使底層人民爬到頂層，只會強迫所有人盡可能往下層移動，這樣就能人人平等——這就是社會主義的本質。相反地，優先考慮自由的社會，自然而然，會比社會主義體制達到更高程度的真正平等。所以哪一個比較好：一個存在極大不平等的社會，有人一年賺六萬五千美金，而前百分之一的人一年賺五十萬美金？還是一個人人平等……年收入一律是四千美金的社會？

答案很明顯，但「貧富差距」在美國仍舊被妖魔化，彷彿容許階級往上流動的空間本身應該被縮小，絲毫不留一點讓每一代青出於藍的空間。有人打著「平等」或「公平」的名義，提倡藉由強制性作法（到頭來就是利用稅收法規來削弱企業創新和僱用人力的動機）來縮小貧富差距，結果既沒有實現平等，也沒有達到公平。這當然是因為懲罰性徵稅無論如何都無法促進經濟成長，只會把經濟收益從人民口袋移到國庫。要是美國聯邦政府是個負責任的稅收管理者，用這些錢來建設一流的公共運輸、安全、教育、醫療系統也就算了，但美國政府肯定沒有。

此外，要是這套反資本主義觀點，是未經過考驗的全新理論，我們沒有前例可供參考，也就不知道它是否可行。然而，這種觀點已經有幾十年、幾百年的歷史，而且每次嘗試都失敗。不只現在和過去的共產國家有過切身經驗，以色列、印度、甚至英國，在二戰之後都嘗試過社會主義經濟模型，卻一敗塗地。而這三個國家現在之所以都是經濟成長和創造財富的強大引擎，就是因為引進了（有些是重新引進）自由市場的概念。

世界各地的反資本主義者和社會主義者跟所有人一樣，都知道這段歷史，那麼有人還在美國提出這套經濟改革，究竟用意何在？為免有些人還不清楚，我必須要說，根據我在美國住了八年的經驗，我深深覺得這個國家的菁英其實並不關心下層、勞工或中產階級。所謂的經濟改革，還有這幾年通過的商業法規及加稅政策，據我所見，對那些真正依賴公立學校、大學、醫院、公園和大眾運輸的人其實並無好處。每次加稅，每次通過新的聯邦法規，每次提出新的法案，爛學校還是一樣爛，付不起的醫療還是付不起，危險的居住環境依然危險。由此可見，這些人的首要之務從來不是**改善**個人和家庭的生活，而是增加依賴政府的新方案和既有方案的**人數**，因為這些人也求助無門。換言之，爛醫院的解方不是好醫院，而是兩間壞醫院。

不幸的是，這個問題在民主黨政治機器主導的城市最為明顯，也就是即使貪腐猖獗也沒有政治對手的地方。不那麼令人意外的是，這在公職人員以某種方式宣稱自己是社會主義者或反資本主義者的城市最為明顯。從紐約、芝加哥、洛杉磯、舊金山、底特律到巴爾的摩——「市府或市長官邸愈藍，學校愈好或犯罪率愈低」的理想並沒有實現。

市府愈藍，未來的希望愈黯淡。像芝加哥這樣公立學校體制堪憂的城市，「特許學校」（譯注：公辦民營的學校，因不受一般教育法規約束而擁有更大的自主性）如此創新又富企業精神的構想，立刻遭到教師工會壓倒性的反對。在加州，創新的醫療制度或解決街友傳染病的方法，立刻被公衛和環境官僚駁回。把人們留在公立學校，留在公立醫院，或是繼續依賴政府官僚，縮減所有個人選擇——這才是他們要的方案。

盡可能留住並增加依賴國家生存的人，這項需求也有助於解釋，對資本主義懷有敵意的人跟對家庭生活懷有敵意的人彼此重疊。家庭一直是美國社會的基石，也是幫助兒童成長最重要的社會體制，遠比任何政府部門致力於強化的兒童教育或兒童福利更加重要。但數十年來，美國家庭卻分崩離析。缺席的父親、非婚生子女、藥物和酒精成癮造成的破壞等，都侵蝕了家庭在美國生活中的核心地位。

「我們知道，超過一半的黑人小孩住在單親家庭裡，這個數字從我們小時候到現在已經增加了一倍！我們掌握的數據是：比起一般小孩，沒有父親陪伴長大的小孩，陷入貧窮和犯罪的機率多出五倍，輟學機率高出九倍，日後坐牢的機率高出二十倍。他們更有可能出現行為問題、逃家，或未成年生子。因此，我們社會的基石變得更加脆弱。」

說這番話的人，不是極端保守派或共和黨員，而是歐巴馬在二〇〇八年父親節當天的談話。當時仍是參議員的歐巴馬描述了一個客觀中立的人倫悲劇，但他在芝加哥擔任社區組織者期間一定知道，這齣人倫悲劇不一定是國家的禍患，也可能是一個機會。家庭破碎之後，政府服務的對象就會增加。

我對財富的思索，其實指向一個更大的問題。這個問題，從我逃離北韓到終於找到自由之後，一直困擾著我。那就是國家如何成功？在經濟上、科學上和文化上真正的繁榮富強？以史為鑑，我想我們會找到可能的答案。

歷史迷都知道，人類有史以來建立過最龐大的帝國是十三世紀的蒙古帝國。蒙古人的足跡從東方的太平洋，一路延伸到西方的黑海和中歐。他們征服了今日中國的全境，北邊的大半俄羅斯，往南直到印度次大陸，全盛期估計占領的版圖約有兩千四百萬平方公里，相當於美國、巴西和澳洲加起來的總和。不像歐洲在十七世紀展開的帝國擴張行動，這項傲人功績並非透過技術上的優勢達成的，而是由沒受教育、住在蒙古包裡的部落成員騎馬打出的天下。這樣一個原始的文明，如何征服並統治波斯和拜占庭這類高度發展的文明？一言以蔽之：才德制。

蒙古皇帝成吉思汗建立了一套晉升制度，擺脫過去的部落裙帶關係。成吉思汗最重視的是才能、工作態度和努力程度，而不是家世、血統或關係。成吉思汗認為，有太多高官單憑自己的血統家世，或錢財賄賂這種腐敗的作法爬到高位，最後變成了冗員，造成無謂的損失。他不但嚴懲貪官污吏，更心狠手辣地處決他認為不聽話或無能的官吏。

我當然不贊成處決任何人，也不贊同強暴、搶劫或帝國式的占領或侵略。我想強調的是，把才德視為國家存活和繁榮的關鍵，是個歷史悠久的觀念。當美國左派習慣批評「才德」等同於「種族特權」的同時，連中國共產黨都欣然接納了才德制，利用嚴格的考試來篩選公職人員，決定任用與升遷。無論是到鄉村提供醫療服務、在都市管理海外投資，或是主持國有企業，從事這些為大眾服務的工作，同樣需要展現自己的才能、努力和熱情。中國每年還有一次考績評核，透過上司、同儕和下屬所做的全面訪談，評鑑員工的個人操守，並利用輿論調查來評估員工是否勝任。

他們利用這種方法選出進入中國官僚體制工作的人，也就是你會在加州車輛管理局看到的普通公務員。對中共來說，找到公共行政人才不再只是一種奢侈，也是國家繁榮的途徑，因此也是一種生存策略。

美國左派對資本主義、家庭制度和才德制的批評，背後有一個不能說的祕密：那就是他們在中國眼中可笑至極——看著美國人不斷貶低並打擊自己擁有的每一分力量，中國樂得輕鬆。

第三部

自由的脆弱

9 取消文化的恐怖勢力

二〇二〇年八月，我開了一個 YouTube 頻道，名為「朴研美的北韓之聲」。我在上面分享我對北韓的看法和研究，以及中國作為金氏政權的幫凶和擔保人所扮演的角色。開始經營這個頻道時，疫情正熾，數百萬人仍困在不同版本的封鎖情境中，因此網路參與程度特別高，不到兩個月就有十萬人訂閱我的頻道。長久以來，我一直希望不用再飛來飛去，到不同的研討會或私人活動上發表演說，因為那樣只能用一點時間跟一小群有影響力的人分享我的想法。我希望有一個國際平台，能直接跟世界各地的網友連上線，如今我的夢想終於成真。到美國的前五年，我發現想用自己的故事影響決策者是行不通的。真正的改變，必須透過互相學習和大眾的參與才能達成。這就是網路最初的保證，而我的構想則是利用網路「集結志同道合之士」，共同對抗這兩個共產政權的邪惡力量。

剛開始，我發表的影片主要以敘述性內容和人情味故事為主，比方用十到十五分鐘介紹北韓的飲食、我在美國受到的文化衝擊，或是介紹其他脫北者等等。後來，我開始在影片中介紹北韓政權，包括北韓的勞改營體系、金正恩那位神祕又心狠手辣的妹妹，以及金氏政權如何賺取稅收。二〇二〇年九月，我發表了一部關於金正恩的妻子，即北韓第一夫人李雪主的影片，觀看次數達到三百萬。我在同年十月發表的另一部影片「一個北韓人的日常生活」，觀看次數將近六百萬。這個頻道似乎漸漸成了氣候，我把它看作拓展我的行動訴求的機會，同時藉由廣告收益賺取些許收入。

那是混亂不安的一年。秋盡冬來之際，發生了一件令人震驚的事。我除了在影片中介紹北韓，也開始揭發中國跟北韓的共謀關係，以及北韓人（尤其是女性）在中國受到的待遇。這些影片很快被 YouTube 取消了廣告投放。我還針對中國對全球安全造成的威脅，以及新冠病毒從何而來的問題做了影片，YouTube 同樣把這些影片貼上黃標。即使是關於美國憲法第二修正案的影片，跟中國毫無關係，也遭到同樣的命運。此外，愈來愈多朋友和粉絲告訴我，我用來更新自己的行動訴求、新書發表會、合作計畫的 Instagram 帳號被降低曝光度，導致觸及率下降。意思是，就算你搜尋我的帳號，往往也很難找到我的平台。

在此同時，很難不發現，有幾個 YouTube 和 Instagram 帳號，想盡辦法洗白中國政府在疫情期間犯下的錯誤，或是誰要反對就控訴對方種族歧視，它們不僅可以繼續刊登內容，兩個平台也持續推銷他們的影片，想必也為自身帶來大量的廣告收益。

在那之前，我在美國觀察到或親身經歷的審查，大概都是所謂的「輕量級審查」。多半是不成熟的大學教授和情緒激動的大學生彼此叫囂，若是你有勇氣挺身反駁他們，他們其實也無可奈何。但「嚴格的審查」完全是另外一回事。那是強制剝奪一個人的生計，或者沒有要求任何解釋也未經法律程序，就讓他們的創作消失。我無法想像這種事可能在美國發生，而且如此頻繁，所以我才懷疑自己不小心誤觸法網，或是不經意違反了法規。

但短短兩個月後，當美國總統被踢出推特，以及幾乎所有社群媒體平台時（即使是因為挑戰選舉結果或質疑政權和平轉移等理由），我就知道大概不是只有我遇到這種事。

「不畏強權，說出真相」這個概念，其歷史大概跟美國本身一樣久遠。

美國或許是十八世紀末為了反抗君主專制而誕生的國家，但其源頭可以追溯到更早的一個半世紀以前。因為宗教理由被迫流亡的英國人，踏上艱辛而危險的旅程，橫越大西洋來到新世界，目的是替個人和群體尋求更大的自由。這群人為了追求真理和自由而出走，所做的犧牲難以想像。他們放棄已知的一切，踏上全然未知的旅程。抵達麻薩諸塞州時，冬天嚴酷得難以想像，叢林蔓草的景象令人望而生畏。沒有明顯可見的食物來源或遮風擋雨的地方；可靠的權威和安全的保障也付之闕如。一切都必須從頭開始。

為了得到信仰的自由，我們的祖先願意忍受極端的環境，承擔種種風險。他們是如此看重基本的言論自由、表達自由和思想自由，甚至願意為之付出一切的代價。這個價值最後當然化為神聖的法律條文，也就是一七九一年通過的美國憲法第一修正案。而在美國絕大部分的歷史中，它都良好地發揮了它的功能。

我還記得聽到一九七八年的「斯科基村案」時的訝異。名為美國國家社會主義黨的新納粹團體，計畫到芝加哥郊區住了許多大屠殺倖存者的地方遊行。這些現代納粹意圖羞辱逃過大屠殺的猶太倖存者，引起大眾的反感；很多美國人想當然認為應該禁止舉辦這場遊行，也就是警察應該阻止他們上街。但美國公民自由聯盟（American Civil Liberties Union，簡稱 ACLU）很清楚，根據第一修正案，人民有和平集會的自由，無論集會的訴求為何。事實上，當年這個法案也被用來捍衛民權運動成員到南方遊行的權利。ACLU（一個進步的法律組織，實際上由幾名猶太裔美國人領導）挺身捍衛美國第一修正案賦予美國國家社會主義黨的權利，並在最高法院勝訴。ACLU瞭解，沒有權利比言論自由的權利更加神聖，無論後果為何。

有人認為ACLU或類似的組織，會在今日的美國做同樣的事嗎？如今，美國社會有一大群人不再堅決捍衛言論自由，反而認為言論自由會對公共安全及個人安全造成威脅。不被冒犯的權利、拒絕令人不悅的現實和難以接受的觀念的權利、不被反對你的人攻擊的權利，這些當然都不是真正的權利，卻漸漸取代了第一修正案奉為神聖的法定權利。

再者，由於沒有美國人有權否定另一個美國人擁有第一修正案賦予的法定權利，很多人想出一個法律框架外的方法，來壓制他們不喜歡的言論，也就是所謂的「取消文化」。

大多數美國人認為，「取消文化」就是用來破壞名人的聲望或毀掉他們事業的一種方法，例如對性別發表看法的J·K·羅琳，或是拿跨性別文化開玩笑的戴夫·查普爾（Dave Chappelle）。但這些只是最受矚目、具有殺雞儆猴作用的幾個例子。取消文化真正的力量，在於它把**恐懼**逐漸灌輸到大眾腦中，說服他們自由表達意見之前最好三思，不然就會有遭到現實／網路暴民圍剿的風險。

迫使一個人因為害怕失去生計，對自己的每句話、每個動作小心翼翼，這種現象就叫「思想獨裁」。金氏政權打從一開始就很清楚，若是把相關用語移除，北韓人民便無法脈絡化或理解他們所受的奴役。因此，北韓官方用語中沒有「暴政」、「創傷」、「憂鬱」或「愛」這類字眼，只有「社會主義天堂」的同義詞。所以，或許有數百萬北韓人活在飢餓和恐懼中，他們卻沒有對應的語言可以表達或想像另一種生活方式。

到頭來，這也成了美國取消文化的目標：剝奪人民發表言論以反對官方說法的權利或能力，最後他們連怎麼反對都不會。一旦有人做出錯誤的批評，就威脅要毀了他們的名聲或斷了他們的生計，久而久之，大家甚至連怎麼批評都不會了。

其實，不難理解這種非正式審查為什麼會受到許多政治和商業菁英的青睞。假設你是一家美國公司，工廠設在僱用奴工的中國，或者你是個美國政治家，支持並鼓勵美國把製造業外包給中國。在美國，你不能把批評你的人**真正**關進監獄。但你可以想辦法毀了他們的事業和名聲，這樣他們一開始就不敢批評你。所以，如果有一群網路暴民一口咬定，批評中國政府掩蓋新冠疫情的起源就是「種族歧視」，這樣對你就非常有利，因為你希望大眾害怕因為批評或反對你的政策或商業模式而丟掉飯碗。

這也有助於解釋，為什麼那麼多新聞媒體、大學、基金會、非政府組織、政治人物和大企業，對疫情的起源都自動自發地口徑一致：「病毒來自傳統市場，而不是從實驗室外洩的，任何相反的推測都是種族歧視，而種族歧視言論就等同於肢體暴力，必須受到譴責。」表面上看來，這顯然荒謬至極，卻能有效使人懷疑起自己的常識。儘管常識告訴他們，病毒可能是從附近的病毒實驗室外洩出去，心裡又覺得說出有事實根據的想法，並不明智。此外，引用據說很低、但顯然不實的中國官方確診數字，也能有效說服美國人，左派偏愛的中國公衛措施（例如大規模封鎖）確實有效。

我就是沒想那麼多，才會惹上麻煩。在 YouTube 把我的影片去收益化，而 Instagram 和推特看來也降低我的帳號觸及率之後（無論是人類還是演算法做的決定），試圖取消我的行動還沒結束。後來我愈來愈常公開批評中國政府，雖然多半是批評它放任中國男性把北韓女性當作性奴隸，根本算不上「有爭議」的立場，我卻感覺到一股愈來愈深的壓力：過去態度友好的組織，因為我是爭議人物而必須跟我畫清界線。

舉例來說，二〇二一年的年底，我受邀到三星企業在加州聖荷西的子公司，分享我在北韓成長的經驗。我接受了演講邀約，時間訂在二〇二二年一月二十五日。有大約兩百多名三星員工收到邀請函，演講題目訂為「朴研美逃出北韓的故事」，是一系列名為「三星電子女性講者系列」的活動之一，算是公司內部的固定活動。

然而，我在一月十三日收到演講取消的電子郵件。信上說，三星的活動承辦人「同意邀請朴小姐，但後來跑流程時，一名主管認為她太『政治』，反對這項提議。這個意見往上呈報之後，最後大家都堅決認為應該取消。」

和加州的一群人分享我的生命經驗，竟然會被認為「太政治」，可想而知我有多訝異。於是我決定上網查三星電子的資料，結果在他們的網站上發現了這段文字：

> 透過三星企業社會責任方案，我們以員工和公司所在的地區爲中心，在世界各地開創正面的改變。三星在中國蘇州市投資了二十一億一千萬美元於廠房、生產及研發工作，並僱用兩千一百三十二名當地員工。我們的企業公民計畫著重於青年教育、永續發展和環境保護，藉助三星在科技、文化和創新方面的專長來解決全球各地的社會問題。

啊，原來如此，我心想。三星在中國投資了數十億美金。我很難不認為，要是我當著三星主管的面，說出我母親跟我在中國遭到強暴和奴役，而且中國政府完全知情（沒錯，他們助長也縱容這種事，而且目前有數千名北韓女性在中國受到同樣的對待），大概會對三星產生負面的影響。他們說我「太政治」就像 YouTube 認為我「種族歧視」一樣，都是要我閉嘴、把我說的話貼上「社會不容」的標籤。不管事實究竟為何。

之後，類似的事又發生了幾次。比方說，我本來要去聯邦調查局的達拉斯分部發表類似的演說，但活動前幾天，多元化部門主任（沒錯，達拉斯的聯邦調查局分部有這個部門）打電話通知我演講取消，而且沒有提供任何解釋。

由於我有過各種被取消的經驗，而且很幸運地存活下來，我可以保證，這不只是一時流行，或是某個幼稚的文化戰爭另闢的愚蠢新戰線。在現代科技的幫助下，取消文化在美國社會往前邁進了一大步，就要完成沒有一個民主政權能靠自己的力量做到，而歷史上所有獨裁政權都精通的一件事：只要按下按鈕，就能讓持反對意見的人從世上消失。

想想看，傳統的民主政府怎麼樣才能讓一個人消失。首先，你得先說服法官核發逮捕令。拿到逮捕令之後，再派一名警察進行逮捕。這名警察必須找到該人並將之拘押。整個過程中，此人都被視為無罪，因此保有所有的權利，除非能證明他確實犯罪。接著，他必須被起訴並出庭受審，而且有權為自己辯護。若是敗訴，法官或陪審團才會判刑，他就必須坐牢。唯有透過這一連串漫長又複雜的程序，「政府」才能讓一個人「消失」。

獨裁政府不會遵守這些程序。一個人一旦踩到政府的線，就可能被抓走、滅口或沒收財產，不會有人提出一大堆問題。逮捕令、審判、法官或陪審團等等，統統沒有。

現在，想想我那支批評中國政府的影片（表面上，中國被視為美國的對手）。沒有經過審判、法官或陪審團、判決、判刑，總之就是未經正當法律程序，YouTube 就把那支影片去收益化（取消廣告投放）。Instagram 有時似乎會降低我的帳號的曝光度。邀請我去演講的組織突然取消邀約，因為我發表了不中聽的言論。沒有指控，沒有定罪，卻剝奪了我正當謀生的權利——按下一個按鈕就能完成。

親愛的讀者，我請問你，這讓你想起民主程序，還是專制程序？

取消文化不只想要懲罰偶爾會開低俗玩笑（那是他們權利）的喜劇演員，也把老愛發表媒體、企業和政府認為「不受歡迎」的看法的一般大眾排除在社會參與之外。情況已經嚴重到無法忽視。

這種由企業、金融、科技和政治力量結合而成的新力量，眼看就要取代我們的司法體制。很難說我們能做些什麼。只希望未來會出現去中心化的科技，並廣為大眾接受，逐漸減少我們對科技巨頭的依賴。另一個方法則是完全退出科技巨頭的地盤，也就是推特、臉書，以及所有壯大暴民霸權的平台。

還有一個不那麼決絕的方法是，重新把我們開國元勛和他們祖先奠定的原則奉為圭臬，也就是一個人有權利享有言論自由、思想自由及集會自由。這表示我們要做ＡＣＬＵ當年在斯科基村所做的事：把法律置於自己的感受之前，還有保護個人權利不被暴民剝奪，即便我們並不同意對方的看法。

換句話說，我們必須走上反抗之路。跟朝聖者一樣，我們必須踏上困頓難行的旅途，而途中充滿了恐懼和未知，如果這就是真理要我們付出的代價。因為那是通往自由唯一的道路。

10 中華人民共和國

中國近二十年來的經濟成長奇蹟，無疑是現代國際史上最令人讚嘆、也影響最深遠的發展之一。俗稱「紅色巨龍」的現代中國，已經成為全球數一數二大的貿易強國。這項驚人的成就，有很大一部分要歸功於好幾億吃苦耐勞的中國人民，但中國政府採取的卑劣手段也不遑多讓。中共不只透過創新來鞏固自己的製造業龍頭地位，也用低得可憐的薪水和惡劣的工作環境把成本壓低。此外，中國利用高效率的物流掌握大規模、低成本的貨運，並且（經常是非法）操控全球供應鏈，使中國比美國、歐洲和其他主要市場更具優勢。種種因素導致全球市場極度不穩定，卻讓中共贏得了民心，並得以穩定國內政局。從一九八〇年代開始，中國脫離貧窮的人口比全世界加起來還要多。

中國也從其他地方贏得了國際聲望。中國是聯合國安全理事會的常任理事國，是全世界五個能對聯合決議行使否決權的國家之一，因為他們是二次大戰的戰勝國。另外，中國的科學和技術領域發展快速，在行動支付、網路零售和基礎建設（如高速鐵路）領先全球，不久就很可能主導消費電子產品市場。中國也有相當機會贏得人工智慧和量子運算的全球競賽，一旦勝出，對它突飛猛進的軍力勢必是一大助益。中國二〇二一年的國防總支出高達兩千四百億美金，僅次於美國，現役部隊人數超過兩百萬，達到歷史高峰。

對一個自稱是「中央集權、一黨專政的社會主義國家」，以上是很了不起的成就。因為除了中國，這樣的政治經濟模式在歷史上是一連串的崩解和挫敗。這並不是說中國沒有其他起起落落的共產政權都有的缺點。

二〇二〇年，非營利組織無國界記者（Reporters Without Borders）公布新聞自由指數，中國排名第一七七名，只贏過土庫曼、厄利垂亞，還有——你猜對了——北韓。美國智庫加圖研究所（CATO Institute）二〇二〇年調查的人類自由指數，中國排名一二九；該調查總共評量了七十六項個人和經濟自由指標。從這些自由的質化指數來看，一直以來跟中國排名相當或遜於中國的國家，只有伊朗、伊拉克和北韓（所謂的「邪惡軸心」），以及古巴和土庫曼。即使是商業和金融自由度，中國在美國傳統基金會（Heritage

Foundation）調查的指數中，也只排名一〇七。

若是如此，中國怎麼會在短短幾年間成為全球第二強國，甚至是有史以來最強大的國家之一？

要瞭解並意識到中國是如何漸漸主導現今的世界，甚至是我們和兒女在有生之年可能與之奮戰的世界，我們需要很快地複習一下中國歷史。我自己是透過普拉格大學（譯注：美國非營利組織，用影片介紹各種主題）的網路課程，才開始理解這段歷史有多麼重要。

人類有許多偉大發明都源自於古代中國，從紙張、印刷術、火藥、酒精到茶葉、雨傘、火箭和紙鈔等都包括在內。絲路是歷史上最錯綜複雜的貿易路線，把整個歐亞大陸連成一個經濟活動和文化交流的巨大板塊。當馬可波羅把中國放進歐洲地圖時，當時的狀況可不是一個「進步」文明發現了「原始」文明。剛好相反。馬可波羅實際上是把他所知世界上數一數二先進的文明，介紹給相對落後的歐洲。

然而，現代中國卻命運多舛。十九世紀，歐洲殖民帝國無論在經濟、軍事、科技上，每一項發展都遠遠超越中國，中國於是淪為西方滿足帝國野心的犧牲品。二十世紀初，中國的經濟和政治皆前景堪憂，廣大的人口幾乎都活在赤貧之中，許多人在歐美強權的刻意操縱下對鴉片成癮。這個時期的中國只能受西方的擺布，英、美、德、俄、法、日等國都想把中國納入掌控之中。

眼看自己民族的偉大文明淪為西方帝國的遊樂場，這把怒火演變成一八九九年到一九〇一年間的義和團運動。中國朝廷未能將外侮驅逐出境，因而失去了統治正當性，開始搖搖欲墜。於是，一九一一年，一群贏得廣大群眾支持的革命分子，在孫文的帶領下發動辛亥革命，推翻兩千年的帝制，建立中華民國。一九一二年三月，孫文辭去臨時大總統，由袁世凱繼任。袁世凱試圖恢復帝制並自立為帝，促使孫文成立中國第一個現代政黨，也就是國民黨。孫文努力想建立代議民主制，卻力不從心。

一九一七年，中國加入一次世界大戰的協約國陣營（英、法、俄），主要的貢獻是提供資源，也就是派工人到盟國的礦場和工廠工作。然而，戰勝國在戰後簽署的和平條約，也就是凡爾賽和約，卻漠視中國要求中止外國侵占的請願。例如，合約中不但沒有把戰敗的德國之前在中國占領的土地歸還中國，反而交由日本接管。

一九一九年五月四日，三千名中國學生到天安門廣場抗議凡爾賽和約，史稱「五四運動」。這場運動掀起之後更大規模的文化動員，目的是要捨棄傳統舊思想，擁抱現代新思潮，包括提倡科學發展、提升識字率、使政治參與更為普及。過不久，中國共產黨就在五四運動的遺緒中誕生了。

一九二〇年代間，中國因為國民黨和共產黨之間的權力鬥爭而陷入分裂。當時國民黨仍掌控大部分的中國，以都市為主要基地，而共產黨則在鄉村地區有一些小據點。一九二八年，共產黨幾乎被弭平，中國多少在國民黨的領導下重新統一。但共產黨在一九三一年十一月一日東山再起，宣布在江西省成立中華蘇維埃共和國。一九三四年，中華民國國民革命軍在蔣介石的帶領下試圖摧毀共產黨軍隊，最終還是失敗。但共產黨因此往北逃，展開六千哩長征，從中國東南方轉移陣地到西北方。

另一方面，日本帝國在一九三一年入侵中國東北部的滿洲，並在那裡成立了傀儡政權滿洲國。大多數歷史學家把一九三七年七月七日爆發的中日戰爭視為二次世界大戰的開端，而不是兩年多之後，希特勒入侵波蘭發動的戰爭。到了一九三九年，日本控制了中國東部大半的沿海地區，蔣介石則把共產黨封鎖在西北地區。一九四四年，美國代表國民政府調解國共衝突，但國民政府因為多年的戰爭、侵略、經濟問題和日益嚴重的通貨膨脹而元氣大傷。

二次世界大戰結束後，國共之爭演變成四年的內戰，中國陷入一片混亂。一九四九年，毛澤東率領的共產黨終於擊敗國民黨，中國於是成為一個共產國家，直到今天。

剛當上共產黨領袖，毛澤東就承諾要為中國人民打造一個「社會主義天堂」（現在你應該覺得這個說法很耳熟了）。未來再也沒有大資本家把持的私人企業，再也沒有壓榨工人的地主，都市裡不會有人失業，不會有人挨餓，也不再會有流血衝突。確實，毛澤東帶領共產黨，將所有資源國有化，取消私人財產，沒收地主的土地。

結果造成了世界歷史上最大的人類浩劫。

一九五八年到六二年間，中國爆發人類史上最嚴重的饑荒。毛澤東推動的土地和財產政策（「大躍進」運動的一部分），導致一千五百萬到五千五百萬人餓死。一九六六年，為了整肅反對共產主義意識形態及毛澤東專政的雜音，毛澤東發動了長達十年的文化大革命，期間多達兩千萬人死於非命。一九七六年九月毛澤東逝世時，中國有九成人口活在赤貧中，一天賺不到兩美金，幾乎家家戶戶都有人死於饑荒或屠殺。綜觀國際共產主義和法西斯主義的歷史，不乏希特勒、史達林、波布和金氏家族這樣的殺人魔和劊子手，儘管如此，毛澤東在其中仍然無人能及。據估計，毛澤東的統治、推動的政策、領導的政府奪走的人命多達七千八百萬人。這就是所謂的「社會主義天堂」。

接著，奇蹟從天而降。鄧小平繼毛澤東之後上台，開始推動多項資本主義改革。他引進有限的自由市場，開放外國投資，准許很多人選擇自己喜歡的工作。此後數十年，中國經濟愈來愈自由開放，中國也變得更加繁榮富庶，共產黨因而重新找回統治正當性。在鄧小平上台的三十年後，中國有將近十億人口脫離貧窮。中國城市變成世界級大都會，科技突飛猛進，中產階級的規模躍居世界第一大。

二〇一三年，習近平成為中國的「最高領導人」，是毛澤東之後，唯一集國家元首、中共中央總書記、中央軍委主委於一身的元首。習近平剛上台的前幾年，中國成長的腳步仍未停歇，近幾年卻開始放緩，甚至很多人預測經濟將開始衰退。他設法維持鄧小平的市場改革帶來的經濟效益，同時重新利用毛澤東時代的中央集權，以及對自由企業與言論的限制，把中國變回類警察國家。差就差在習近平現在有毛澤東做夢也想不到的現代科技可利用。人臉辨識、人工智慧監視網、手機及網路監控，以及社會信用體系等，都被用來再次把中國變成一個大型監獄——跟所有社會主義天堂如出一轍。假如習近平上台之前的中國人民尚且擁有一些美國人根據權利法案享有的自由和權利，如今已蕩然無存。就連行動自由，即買公車票去探望家人的權利，都要視他們對政權的支持度而定。

不幸的是，我跟我母親被人口販子賣到中國之後，也成了這座大監獄的囚犯。我前往中國是因為下定決心要找到姊姊，但也是為了一碗飯，心想只要能吃飽，日子就沒那麼難熬。為了這個小得可憐的願望，我在十三歲那年成了一個男人的女傭和性奴隸，甚至得看著自己的母親三番兩次被其他男人蹂躪。

直到今天，想起那段歲月，我還是全身難受。但年紀愈長，那種不舒服的感覺更多是因為此時此刻——就在你閱讀這些文字的當下，有許許多多的女性仍在中國遭遇同樣的對待。那些人之所以能持續奴役並控制這些受害者，靠的無非就是一句威脅：「不乖乖聽話，我就去跟警察舉報妳。」

這句威脅絕非只是嚇唬人。中國當局對脫北者來說有如凶神惡煞，隨時準備把北韓人送回「家」，儘管無論是警察、人口販子、脫北者都知道，回家的下場就是進勞改營直到老死，或是當場被處決。這是中國政府刻意為之的決策。若是中斷，人口販子和他們的顧客就再也無法奴役北韓女性。但他們用不著擔心，因為這是北京和平壤雙邊關係的重要一環。就算金氏政權偶爾也會激怒中共，目前中共尚未出現放開對附庸國的控制的跡象。

中共和金氏家族這兩個共產政權之間的特殊關係，始於韓戰期間。當時，中國和蘇聯積極幫助金日成「統一韓國」於共產的旗幟下。事實上，毛澤東的兒子也加入了韓戰，並於一九五〇年遇到美國空襲陣亡（傳聞部隊雖然禁止晚上開伙，以防敵軍從空中偵測，毛澤東的兒子當晚卻偷了雞蛋給自己做蛋炒飯，美國轟炸機因而偵察到其部隊的所在地並發動空襲，造成死傷。如今，每年到了他的逝世紀念日，反骨的中國網民都會貼出蛋炒飯食譜嘲弄政府，但也會立刻遭到刪除）。

中國對北韓實際的援助和出口量很難估算，畢竟北韓依賴龐大鄰國的程度，對任何相信金氏政權尚有幾分「自給自足」的模樣，或至今還不認為「主體思想」只是惡作劇的人來說，實在太過丟臉。但近十年來估計的數字證明，北韓不過就是中國的殖民地。二〇一四年，中國對北韓的援助約為四十億美元（北韓二〇一六年的國內生產總額約為兩百八十億）。中國產品約占北韓進口產品的九成五，而北韓出口的產品有三分之二進了中國。換句話說，沒有中國，北韓政府根本不會存在。

中國支持金氏政權所得到的回報，不過就是少量的礦石和化石燃料。所以這對北京有何好處？事實上，北韓的存在對北京非常有利。地理上，北韓是中國和駐南韓美軍之間的緩衝。軍事上，北韓的核武能有效遏止美國、南韓、日本和澳洲在該地區聯合出兵。此外，根據某些中國官員和學者的看法（這可不是笑話），北韓也是共產主義何以**優於**資本主義和民主制度的實例。

中國的影響力和控制力，當然也遠遠延伸到鄰國之外。台灣、香港和西藏只是幾個直接受它影響的危險地區，而北韓不過是中國版圖的延伸。中國的經濟和政治影響力多半擴展得更遠，直抵非洲和拉丁美洲的銅礦場、中亞的陸路，以及波斯灣的油田和氣田。普丁對烏克蘭發動的毀滅性戰爭，以及俄羅斯之後遭受的經濟制裁，在在使得俄羅斯聯邦（全世界陸地面積最大的國家）日後十之八九將在經濟上依賴中國。

地表有這麼大面積的土地和大量的人口，受一個致力於推翻美國霸權的國家影響，已經很令人擔憂。現在，更令人擔憂的是這個新強權未來的走向。中國或許是有史以來經濟發展最強大的引擎，但付出的代價之高，連經濟成長也難以彌補。非洲、巴爾幹半島、拉丁美洲的很多國家都漸漸發現，中國在全世界拓展勢力，也帶來了環境破壞、剝削、惡劣的工作環境、債務危機、工程品質低劣的基礎建設，以及性販運。整體來看，中國霸權的崛起對全球幾乎每一個國家來說，代表的無疑是一個凶險的未來。

因此，世界唯一能與之抗衡的超級強權——美國，有責任站出來阻止它。不幸的是，近幾年連美國也開始妥協。

二〇二〇年，全球貿易大亂，各國GDP驟降，美國仍然是中國商品在全世界最大的進口國，讓中共大賺四千五百二十億美元。此外，中國幾乎滲入美國商業與金融的各個層面：收購美國公司，成為許多美國企業最大的股東，同時大量買進美國房地產，迫使美國技術輸入中國，並拐走美國絕大多數的製造業。在我居住的芝加哥，多半由中國人投資的豪華高樓建案蔚為風潮，導致市區住房短缺，房價飆高，一般人想買房也買不起。

事實上，美國菁英階級和最有生產力的公司，很多都被中國人收買。科技巨頭、華爾街、好萊塢和大學，皆依賴中國的資金和市場才能繼續獲利。他們這二十年來的作為，跟俄國在一九九〇年代的作為非常類似。當時，葉爾辛統治下的俄羅斯，有少數權貴搶走國家資源再廉價出售，富了自己卻害得平民大眾陷入貧窮和混亂之中。

這些作法造成的後果，在新冠疫情期間顯露無遺。當時，幾乎所有的美國企業、大學、媒體都急著為中國政府採取的行動和政策辯護，即便中共把反對北京官方說法的人都打為「種族歧視」、「荒誕無稽」或「陰謀論者」，藉此掩蓋病毒的起源。此外，同樣昭然若揭的是，美國企業早就把最基本的製造力外包給中國。因此，有史以來科技最先進的工業化國家——美國，甚至無法自行製造口罩和呼吸器。

最近兩任總統的執政期間，美國誓言要設法遏止中國帶來的威脅，包括把更多美國的製造業和企業帶回國內；強化美國的防禦力；牽制中國在太平洋地區、歐洲和中東的影響力；阻止中國竊取商業機密、強迫技術轉移、透過空殼公司進行投資，以及把奴工納入全球供應鏈等不法的行為。但無論是川普或拜登，都難以達到這些目標。事實上，美國的中國政策甚至已經不是由美國總統制訂，而是那些依賴中國市場的遊說團體、利益團體及權貴階級；他們完全不顧這會對美國勞工和消費者造成什麼影響。

阻止中國影響力持續擴大的唯一希望就是美國，美國菁英卻忙著瓦解美國經濟與軍事力量的來源，討好中國以圖利自己。長此以往，阻止一個由中國主導的未來世界，就了無希望。我歷經千辛萬苦從北韓來到美國，很難表達這一切有多麼令我沮喪。北韓的慘狀有如「呈堂證據」，清楚呈現一個比中國更中國化的世界會是何種樣貌：更多令人髮指的罪行，更多人遭受痛苦折磨，更多無辜的人為了黨幹部的利益而受盡剝削。然而，中國霸權看來沒有要中止在北韓上演的惡夢，反而只會在全世界更多的地方複製北韓模式。

11 真正的專制和真正的自由

「就算妳以為旁邊沒人，小鳥和老鼠也聽得到妳在竊竊私語。」那是小時候在北韓時，我記得媽媽教我的第一件事。無論她只是字面上的意思或真心這麼想，其實都不重要，因為身為一心只想保護孩子的母親，這樣教我們並沒有錯。這就是專制政府控制言論和思想自由所造成的惡性循環。也就是說，就算你認為偉大的領袖能「看穿你的心」是胡扯，你也知道自己要是做錯事或說錯話，他的親信可以把你送上西天，這是千真萬確。所以，你倒不如就**當作**他**能**看穿你的心，反正在實體世界裡，結果都一樣。北韓政府透過這種審查、恐嚇、脅迫和「再教育」，消滅了內部的各種反對聲音。

對脫北者的一大挑戰是，即使獲得了自由，就像我來到美國，我們往往缺少能描繪北韓生活的詞彙。當你被教導或允許用來形容自己國家的詞是「天堂」時，你根本不會知道那其實是「地獄」，即便你的動物直覺告訴你情況非常、非常不對勁。同理，要是你不知道這世上存在真正的自由，你永遠不會知道真正的奴役也同樣存在，因此不會意識到自己其實就是受害者——自己國家的奴隸。小時候，我以為「自由」（在我找得到字彙或概念捕捉這個想法時）是脫離美國壞蛋和日本帝國主義者的掌控。長大一點，等我開始計畫逃離北韓時，我以為自由是能吃到一碗飯，不用再餓肚子。再更大一點，當我計畫逃出中國時，我以為自由是穿藍色牛仔褲和看電視。來到美國之後，自由對我來說就是學習。

如今我二十九歲，在新家園度過了八年歲月，英語一天比一天進步，我覺得自己終於能用語言大概形容什麼是自由和奴役，還有住在北韓意謂著什麼。透過書籍、影片和演講，我努力如實呈現，在北韓被當作奴隸對待是什麼感受。我相信這件事很重要。身為一個脫離桎梏的奴隸、重獲自由的女性，以及美國公民，重新找回我被剝奪的語言來訴說年幼時受到的奴役，以及至今還在那裡遭受奴役的可憐人，是我的權利也是我的責任。

北韓是一個社會主義國家，是馬列主義者心中理想共產國度的遺跡，是擁有核武的極權主義獨裁政權。這個政權利用個人崇拜，使兩千六百萬人民奉三個惡人為至高無上的神，其中兩個已經離世，他們一手把國家變成大規模的集中營。這個悲慘的惡夢，每一分一每秒在北韓境內不斷重複了七十四年，不是天災造成的結果（如海地或孟加拉），也不是帝國殖民的餘孽（如比屬剛果），或是種族和宗教派系鬥爭所引發的災難（如敘利亞或伊拉克）。而是地球上持續最久、**由人為操控**的人類苦難實驗，是天理難容的滔天大罪，是對人類尊嚴的永久傷害，在人類身上留下的污點既黑且深，幾乎會讓你以身為其中一分子為恥——因為它竟然能讓拘禁在那裡的人，把短暫的一生用來夢想或幻想當小鳥、甚至老鼠的生活。

北韓的暴政清楚寫在我們的身上。由於食物和基本營養時常缺乏，連兒童和嬰兒也不例外，原本相同血緣的民族，到後來身體發展也大相逕庭。共產體制下的韓國人跟資本體制下的同胞相比，壽命較短、身高較矮、體重較輕，這些都是器官衰竭比例高、免疫力低、認知發展落後帶來的後果。來自全世界的慷慨、善意和慈悲，也無法翻轉這些傷害。因為北韓收到的國際糧食援助，只有一小部分會送到營養不良、三餐不繼或快要餓死的平民手中。絕大部分援助都被平壤的菁英攔截、霸占，分給平民的配給量少得可憐。平壤當局甚至公開吹噓自己在饑荒時期，讓一成人民吃飽的卓越政績。

北韓之所以被稱為「隱士王國」，其來有自。國內的網路、廣播和電視無不受到政府的全面掌控。北韓的所有新聞和節目，都是為了把視聽大眾網羅到宣傳與洗腦的無盡循環中。許多脫北者第一次發現美國人其實頭上沒長角，身上也不像爬蟲類長滿冰冷的鱗片時，都非常驚訝，因為北韓呈現的美國人就是這副模樣。同樣地，當脫北者發現美國和南韓街上滿滿都是車，而且這種景象已經維持數十年，也同樣不敢置信。對脫北者來說，最大的震撼或許是他們第一次發現（之後才漸漸接受），韓戰打到最後美國並沒有使用核彈，北韓也沒有「贏得」戰爭，這些全都是謊言。唯一能貼切形容脫北者此種感受的比喻，我想到的是《駭客任務》裡吃了紅色藥丸的感覺（譯注：《駭客任務》中，男主角有兩個選擇，吞下藍色藥丸就能繼續活在假象中，吞下紅色藥丸則會看見殘酷的現實）。

在北韓，即使你把嘴巴閉緊，即使你謹言慎行、安分認命，甚至接受吃不飽的事實，還是無法享有任何公民自由。被送進集中營的門檻低得可笑。要是當局發現偉大領袖肖像的相框積了灰塵，要是小孩被逮到吹口哨吹的是自己編的曲子而非國家認可的歌曲，一家三代人都可能被圍捕、監禁、槍斃，藉以「消滅異議者的種子」。淪落到北韓集中營的第一鐵則，就是絕對不要問你為什麼在那裡。那樣會延長你的刑期，或直接讓你沒命，或害你的親友跟著遭殃。一九九七年，北韓高官黃長燁逃出北韓。順帶一提，他正是提出主體思想的人，因此後來《華盛頓郵報》形容他的出逃「有如納粹宣傳部長戈培爾脫離納粹德國」。他脫北後不久，他的妻子「自殺」身亡，女兒「跌落卡車」猝逝，其他家人（其中很多甚至不知道自己跟他有親戚關係）被送進集中營。如今，北韓高官要是出國，例如到中國，他們的家人就會被當作人質拘押，直到他們回國。

近年來，逃到南韓的一萬一千名脫北者，證實了遍布北韓的集中營系統。將他們的證詞跟無人機、隱形戰機和人造衛星拍攝的空中影像比對之後，南韓、日本和西方的情報單位高度掌握了哪些營區具有哪些用途，包括拘禁、勞役、苦刑、處決等。其中最大也最知名的營區是鐵原集中營，有時人們會拿來跟奧斯威辛集中營相提並論。據說已經在二〇一四年改建，但全盛期曾經關押好幾萬、甚至好幾十萬人。鐵原集中營分為兩區：一區是「革命區」，用來懲罰批評政府政策或非法收聽外國廣播等犯人的再教育營；另一區是「完全控制區」，用來監禁被視為「國家敵人」的囚犯，進來的人就再也沒出去過。

集中營以外，放眼望去幾乎到處是殘酷的景象。公開行刑在北韓的城市和鄉下都很常見。絞刑開始前，把死囚帶出來的行刑者通常會在他們嘴裡塞滿石頭，確保他們無法再發表異議。有時候，死囚還得被拖上絞刑台，因為早已被拷打得不成人形。行刑之前，獄方幾乎都會把死囚的家人帶來，當眾批鬥他們或用石頭丟他們，所以囚犯死前看到的最後畫面，就是心愛的家人被迫加入殺害自己的行列。另一種處決方式名為「熱箱」（hot boxing），就是把一個全身赤裸的人關進鐵箱裡幾週，不給他水或食物，讓他脫水而死。

逃到中國的女性脫北者若是被遣送回國，經常已經懷了中國男人的小孩。這種情況下，政府通常會強迫她們墮胎。有時是為懷孕的女性（也很常是女孩）注射未消毒的溶液，使胎兒（有時是母親）感染致死。有時是派穿長統靴的警察或其他官員去踢孕婦的肚子、直到她嘔吐，或在孕婦的肚子上放塊木板，逼小孩在上面跳來跳去壓死胎兒。若是經過種種努力，胎兒仍活了下來，他們有時會把新生兒丟進箱子，任其自生自滅。這就是北韓堅持的「種族淨化」。

長久以來，北韓政府不只擁有核子武器，還有生化武器。所謂的「罪犯」有時會被抓去參與「研究」或「實驗」，從此消失，因為吸了毒氣或染上作為武器的病原體而犧牲喪命。中國和俄羅斯政府提供的科學家、工程師和其他專家，都是金氏王朝得以持續這些計畫的重要推手。

這些大規模毀滅武器，不但對北韓平民造成危害，也能有效威嚇外面的世界。此外，北韓的現役軍力有一百二十八萬人，排名世界第四大（在中國、印度和美國之後）；軍隊總規模更是世界第二大，僅次於越南，估計有七百八十萬（包含後備軍和準軍事力量）。這表示在北韓，每三個人就有一人跟「朝鮮人民軍」有關。這個可怕的組織令人想起中世紀的奴隸軍隊。北韓實施徵兵制，強制規定男性服役十年（！），女性至少七年。軍中的居住環境和生活品質，可想而知非常糟糕，女兵有時會累到經期亂掉，甚至停經，受到性侵當然也是常有的事。

即使服完了兵役，北韓人的生活也沒有比較好過。定期的「集體動員」主要是去做苦工，清晨五點就要起床，晚上八點才能回家。工作本身很辛苦，多半是到鄉下地區的煤礦場或煉鐵廠工作。在那裡，常會看到年僅十歲的小孩，也沒有規定做到幾歲可以退休。「我們都是革命分子。」口號是這麼說的。換句話說，能為國家奉獻生命是一種榮幸。

我在這裡詳細說明北韓生活對身體造成的折磨，因為唯有如此，我才能夠表達「這跟精神傷害比起來根本不算什麼」的事實。每當我這麼告訴別人，他們往往難以相信。電視或課堂上的宣傳洗腦，怎麼可能會比實際的監禁、酷刑或處決更可怕？但確實如此。北韓的大多地方，每週都有批鬥大會，每個人都被編入一個小隊，互相監視舉報，互揭瘡疤，同時透過大眾的羞辱和嘲諷互相懲罰。在我的家鄉惠山這樣的城市，批鬥大會有時很激烈；在高原這樣的鄉下地方（我媽的出生地），甚至會很火爆。鄉下地方，生活封閉、愛國心強烈，人們真心覺得自己是革命分子。那裡沒有地下活動，沒有自由鬥士，也沒有反抗勢力。由於從未接觸自己鄉鎮或省分以外的世界，居民對國家的熱愛從不退卻，熱情也從不打折。

所有政權都可能使用暴力欺壓人民，但比起酷刑、監禁或身體的折磨，在高原目睹的精神奴役，才是我心中社會主義的縮影。

北韓這樣的國家要能建立，某方面來說，各種獨一無二的條件都得一應俱全才行。首先，朝鮮半島必須被大日本帝國侵占。當時的日本自身，也陷入威權統治的惡性循環中，亟欲在亞洲領土和地緣政治的爭奪上勝過歐洲。經過兩次世界大戰的摧殘，日本投降，日本大帝國瓦解，朝鮮半島於是分裂成兩邊，南北兩邊分別由戰勝的蘇聯紅軍和美國軍隊占領。之後的統一談判失敗，兩邊各自成立政府，北邊是共產政府，南邊是資本主義政府。一九五〇年雙方爆發內戰，史稱韓戰。北韓入侵南韓引發的這場血腥戰爭延續了三年，後來更促使中國和美國加入戰爭，帶來決定性的影響。最後雙方並沒有終止戰爭或簽署和平條約，只有停戰，從來沒有正式談和，直到今天。以上種種條件都必須一應俱全，經過這一連串複雜的歷史事件，金日成才可能鞏固權力，統治一個殘破不堪的國家，建立我們今日所知的獨裁政權。

綜合以上所說，一個正常的自由民主國家要變成專制國家，一個實行自由市場的社會要變成獨裁共產社會，一個沒被占領、瓜分或打仗的國家要像韓國這樣陷入混亂，似乎是難以想像、甚至不可能的事。但事實上卻不一定如此。不一定非要爆發內戰、世界大戰或帝國入侵，社會上的信任、秩序和各種服務才會分崩瓦解，導致政治一團混亂。這種事在和平時期也可能發生，只要各種制度和風俗習慣慢慢被侵蝕破壞。法國和俄國的革命本身並沒有導致獨裁統治。拿破崙和史達林要能上台，首先舊政權——法國的路易十六和俄國的尼古拉二世，必須因為政治和社會多年積弱不振而失去對國家的掌控權，而這些都發生在和平時期，當時沒有人覺得王朝有可能瓦解。

你很難不發現，類似的現象也正在今日的美國發生。冷戰期間主導美國的兩黨共識如今不再。現在，無論是政治或文化議題都很難取得全國的共識。此外，網路、社群媒體、二十四小時放送的新聞，把政治和文化菁英的腐敗無能攤在陽光下，以至於大多數美國人失去對自己國家菁英的信任和信心。這也因此導致州和地方選舉的投票率創下歷史新低，上教堂及信仰宗教的人口比例降低，結婚成家的人口急遽下降。美國菁英不願意為種種敗象負起責任，反而把所有過錯推給特定的政治派系（十之八九不是「保守派」就是「共和黨」，實際上指的是「工人階級」或「農人」或「白人」），並主張我們應該開始查禁某些書籍，審查某些言論，把這些「政治敵人」踢下各種自由言論的平台。

在此同時，同一批美國菁英把自己國家的利益一點一點出賣給中國，在數十年間，將本國的大量工作機會移往中國，破壞美國的產業和製造業基礎以及整個供應鏈，導致國家面對諸如大流行病和烏俄戰爭等外在衝擊時，變得不堪一擊。數百萬美國百姓在過程中因此陷入困境。此時，美國菁英的反應不是去幫助這些人，而是給他們貼上種族歧視、固執己見、跨性別恐懼、造反者的標籤，以此證明他們的不幸有其道理。

美國至今仍然擁有全世界最健全的憲法保障，而美國人民的正直、對自由和權利的信念，以及對政府的監督批判，或許能幫助我們度過難關。但目前的環境已經超出我們所能掌控的範圍，任何一個善於煽動人心的政客都可以利用美國脆弱不堪的制度、腐敗的菁英，以及日漸絕望的下層階級，遂行己願。我們撐過了經濟大蕭條、兩次世界大戰、九一一事件、二〇〇八年的金融危機和新冠疫情，但我擔心下一次意外逼近門前時，會發生什麼事。我們能夠團結一致，憑藉對民主法治的信念度過難關嗎？還是我們會選擇限縮權利法案，設法消滅反對聲音，扼殺言論自由，除掉政治敵手，同意政府無限使用「緊急狀況下的特殊權力」？

現今在美國，已經有一些人提出這樣的訴求。自稱社會主義者、覺醒運動者、社會正義鬥士或者隨便怎麼稱呼的一群人，想把意識形態敵對者踢出社群媒體。他們想禁止家長對公立學校的教學內容發表意見。他們想告訴你可以或不可以吃什麼或用什麼，還想掌握權利以剝奪他們認定的敵人得到的金融服務。他們希望學校教的數學和科學等基礎科目反映某些政治偏好，而不是現實狀況。另一方面，他們卻希望自己兒女能夠靠金錢擠進菁英學府，用不著通過標準化測驗——這聽起來像「社會主義天堂」，對我卻不然。這正是最基本的社會服務在任何社會主義國家都行不通的原因。

北韓的醫療水準如此低落，也正是這個原因。學生靠賄賂進入大學，在學校卻只學到「政治正確」、「社會主義」的醫學知識。我的右下腹部至今還留著社會主義的傷痕。小時候，我很可能只是得了病毒型腸炎，卻被誤診成盲腸炎；後來我聽說那種病就算是三腳貓醫生也能輕易診斷出來。事實上，社會主義在我全身上下都留下了傷痕。多年來營養不良、活在飢餓邊緣影響了我的發育，所以我才達不到健康體重，懷孕生產時風險也更高。

我之所以寫下這本書是因為，多年來我一直無法用語言形容專制或自由。如今，我終於漸漸獲得這樣的能力，而我需要你，親愛的讀者，幫助我讓更多人瞭解，還有數百萬的北韓人，至今連用來描述自身惡夢的語言都被剝奪，而美國本身不像它認為的那樣能夠避免相同的命運。

12 自由的價值

大家常問我，既然在北韓和中國有過如此慘痛的經驗，為什麼來到美國之後不從此低調度日，不再拋頭露面？為什麼選擇出書、拍影片，在大眾面前公開說出自己的故事，從此失去平靜生活的機會？

事實上，一開始寫下自己的故事，說出自己的想法，並決定跟世界分享的時候，你從沒想過有一天自己會變成公眾人物。那是一個循序漸進的過程。當初這個決定的重要性，要到後來才變得清晰可見。在南韓時，起初我之所以答應去上《現在去見你》這個電視節目，並不是我想當明星，而是製作人告訴我，這或許是我找到姊姊的最佳機會。

上了節目一陣子之後，我才發現，即使是南韓人都對北韓瞭解不多。並不是因為他們不在乎或不想知道，而是他們真的不知道北方邊界的另一頭過著多麼悲慘的生活。當我說出自己的遭遇時，很多人表達了由衷的同情和關心。後來，我接受了世界青年領袖峰會的演講邀約，因為我認為只要有更多人得知北韓的狀況，能為還在那裡受苦的人帶來改變的機會就愈大。沒想到我的演講影片在網路上爆紅，我因此接受了寫回憶錄的邀約。我的YouTube頻道也是基於同樣的理由才成立。就這樣一步接著一步，沒多久我就發現自己被金氏政權盯上了。我在北韓的親戚被迫上電視譴責我，而我也愈來愈常受到各種騷擾、審查、暴力威脅、中傷和詐騙，即使在美國也不例外。

很多人以為我必定很後悔當初的決定，早知如此，我應該在廣袤的美國大陸隱姓埋名安穩度日。有些時候，我確實會嚮往那樣的生活，但我也必須承認，我總覺得自己能活到現在完全是僥倖。我今年二十九歲，但是當我看著鏡中的自己，回顧至今的生命，我覺得自己好像已經快一千歲了。過去的二十九年充滿了波折動盪、生離死別、千鈞一髮和死裡逃生，所以從今以後的一切對我來說都像額外的獎勵。其中難免有悲傷，但同時也是一種解放。我父親到死都沒嚐過一天自由的滋味，那原本也是我的命運。沒想到他一輩子從未嚐過的自由滋味，如今我卻盡情享受了好幾年。我已經非常滿足。因此，現在我只為了我兒子、為愛、為提倡人權而活。

大多數脫北者並不這麼想，即使逃離北韓多年之後也是。直到最近，我姊姊還是難以理解發生在我們身上的事，因此變得憤世嫉俗。她跟我不同，不希望任何人知道她十六歲就成了人口販運的受害者，只想假裝自己之前過著正常人的生活，後來也順利融入保守傳統的南韓社會。但內心深處的她，總是在掙扎也充滿憤怒。有很長一段時間，她甚至改了名字並將我封鎖，我們有兩年的時間沒說話。然而令人開心的是，在二〇二二年的春天，恩美終於決定說出自己在北韓和中國的遭遇，現在也努力學習英文，這樣就能跟更多人分享。我以身為她的妹妹為榮。

脫北者面對過去的方法如此不同，個性差異當然是一個原因。但我認為道義也是很重要的因素。說出我們的過去，對至今仍困在北韓以及在中國受奴役的人們具有重大意義。我們不能在找到自由之後就收起吊橋，要後面的人自求多福。我們必須把他們正在經歷的事告訴全世界。這是我們虧欠他們的。

儘管如此，我能走到今天也有因緣巧合的成分。回顧過去，有時我會覺得經歷過那些事情的人不是我，不可能是我。我父親不希望我逃到南韓，因為他認為要是被抓到，受到的懲罰會比忍受北韓的生活還慘。當我違背他的意思時，我心想：是誰那樣不聽她父親的話？在那麼小的年紀？絕對不可能是我。那麼是誰呢？

但那當然是我。但年紀愈大，我愈清楚那不只是我。除了我，還有父母生給我的毅力，加上莫大的幸運，加上我也一知半解的更高力量。這些力量和運氣加起來的總和，如今還一直跟著我。老實說，我不是很喜歡演講、參加研討會或社交活動，寧可待在家陪兒子或是看書。但是對父母的記憶和某種宇宙間一股更大的力量總會催促我前進，不斷鼓勵我繼續努力、繼續寫、繼續訴說。我可以把一切都歸功於自己，但如今我已經長大，知道每件事都是眾人齊力付出的結果。

這就是我接受治療的時間相對不長的原因，目前我也不認為有需要再回診。我毫不懷疑治療對某些人來說幫助很大，但對我來說，治療無法取代意義本身。一旦找到生命的意義（成為母親和捍衛人權），我發現無論我做了什麼惡夢或多常做惡夢都不再重要。無論我有多難入睡，做了多可怕的惡夢，早上我永遠有起床、開心面對一天的理由，最重要的是心懷感激。我在美國的朋友和同事常說起「照顧自己」和「把自己擺在第一位」的重要性，我也並非不贊同。但「做自己」還不夠，同樣重要、甚至更加重要的是找到生命的意義，成為兒女的榜樣，把自己奉獻給更大的目標。再多的治療、節食、冥想或「照顧自己」，都做不到「意義」能做的事。

我不認為有人比我更愛美國，但也不得不承認，生活在當代美國往往很難找到生命的意義。我來美國才短短幾年，就從自己的生活中發現了這一點：豐裕的物質享受，使我變得前所未有的意志薄弱和易怒；對個體性、「找到自己的聲音」和「活出真實自我」的重視，使我不再像過去那樣直覺地為他人著想；事情不順、不如己意或有人犯錯時，我養成了抱怨的習慣。

記得有一次我有點被自己嚇到。那天晚上我住進一家飯店，因為隔天要參加一場研討會。飯店的床以客觀標準來說，非常不舒服。我知道早上起床我一定會腰痠背痛，想到自己花了那麼多錢卻不能睡個好覺我就生氣，甚至覺得自己生氣得很有道理。我從哥大同學的身上學到，一定程度的憤世嫉俗和抱怨其實是冰雪聰明的展現，所以我決定下樓去向櫃台抱怨。

等電梯時，我看見牆上鏡子裡的自己，立刻感到羞愧不已。天啊，我人在美國的一家飯店裡，有屋頂、有床、有食物。我是什麼人？我是個除了希望和夢想之外一無所有，因為僥倖才活到今天的女孩。我不用擔心安全，不用擔心挨餓，做什麼或想什麼都能隨心所欲，不會有人干涉。我還缺少什麼才能實現夢想？一張更軟的床嗎？

有這麼多人在美國滿足了生活基本所需（包括像我這樣的新住民），因而得以把心思轉向飯店的床夠不夠高級這類的煩惱，這其實是件美好的事。但其中也隱藏了危機。今日的美國已經很少人經歷過饑荒，或煩惱過下一餐的著落。當走過經濟大蕭條和兩次世界大戰的世代走入歷史，當初付出多少心血，才建立起我們今日享有的富足體制的記憶也將遠去。當美國社會中多半是沒有參與過體制建立過程的成員時，也會產生愈來愈多因為不瞭解這個體制而想將之摧毀的人。這些人沒有意識到自己享有的自由有多脆弱，政府體制有多珍貴，自己的生活方式又有多麼難能可貴。也因此，他們懷著摧毀這個體制的幻想。而這些幻想，在某些領域已經逐漸成真。

「美國是個種族主義、帝國主義、邪惡又貪婪的國家，比任何國家都該為全世界的戰亂、殘酷、暴力、不公義、不公平負起責任。除非推翻美國資本主義，瓦解美國賴以掌控世界的軍力和警力，揭露美國民主只是個腐敗的騙局，我們永遠不會放棄。」

請問：如果要你打賭，你會猜這句話是誰說的？北韓電視新聞主播？在伊朗政府擔任官員的神職人員？哥大教授？美國國會議員？

我猜你大概不敢豪賭，因為真的很難猜！答案是伊斯蘭國（ISIS）將領或推特上低階產品經理的可能性一樣高。對於像我這樣在兩邊世界各自待過一半人生（一半在反美專制獨裁政權，一半在民主自由國度）的人來說，這樣的結果實在令人震驚。我們怎麼會走到這一步，看到美國和北韓小孩被灌輸高度雷同的反美教材？

再來看看鼓吹這些想法的是哪些人，你會加倍地驚訝。在北韓，撻伐美國的人是吃不飽的老師、營養不良的小孩、擔心害怕的父母，以及生計倚賴金氏犯罪集團的菁英。這雖然無法合理化他們的仇恨和無知，但至少還有一點道理。然而，在美國，撻伐自己國家的人往往營養過剩，或拚了命想減少吃進肚子的熱量。他們通常用自己的美國手機或電腦，在美國社群媒體平台上，在美國一流大學的校園裡，在美國政府當局核准並受到美國警察保護的街上，「公開」批評美國的歷史、社會、資本主義和民主體制。北韓人之所以批評美國，是因為不這麼做就會被槍斃。美國人這麼做卻是因為覺得有趣，或是想要控制、影響其他人。

也難怪當世界上還有數百萬人持續面臨謀殺、飢餓、強暴、酷刑、奴役之際，許多支持「社會正義」的美國人最關心的，是不合文法的性別代名詞無限增加，還有要把雞隻送到超市販售之前，要給牠們多少「活動空間」。嘲笑這類幼稚又荒謬的行為很容易，連我偶爾都會拿這來開玩笑，但不幸的是，這件事說到底其實嚴肅得要命。當一個民族漸漸放掉歷史，跟現實脫節，失去理解前因後果的能力時，輕易就能被掌握實權的人利用。

一般人認知的革命是一連串血腥又混亂的事件，引發排山倒海的社會大地震，急遽改變（大多是摧毀）原本的現實世界。一七七六年、一七八九年、一八四八年和一九一七年都是我們常想到的例子。但除此之外還有另一種革命，以比較溫和的方式展開，幾乎難以察覺。新的意識形態或許在少數課堂、雜誌或官僚中萌芽。你或許發現它逐漸擴散，但安慰自己那只在某年齡層以下盛行，這些人長大之後就會改變想法，或者只受某些地區或產業的人士歡迎，影響力有限。你告訴自己，這些人都活在「泡泡」裡，泡泡反正沒多久就會破滅。你相信那只是一時的流行，不久就會被新的潮流取代。

原本只是一小群年輕人和不成熟大人抱持的非主流想法，只存在於偏僻地區的特定產業中，卻可能慢慢地、穩定地成為整個社會的主流文化。尤其當這套新的意識形態有利於政治、金融和文化菁英時，他們會很樂意把它納入整個國家權力體系的教條。這個過程的某個版本曾經在俄國、中國和北韓發生。另一種版本現在正在美國上演。

我說這些不是為了煽動人心或聳人聽聞，那樣只是多此一舉。我當然不認為二〇二三年的美國跟一九一七年的俄國、一九二七年的中國，或一九四五年的北韓有絲毫相像。我這麼說的理由只有一個：如果我從人生中學到什麼教訓，那就是自由和民主都異常脆弱。到世界各地旅行你會發現，大多數國家的平民大眾過的生活有多不像樣。很多時候，那都不是因為某個國家從未建立正常的社會，而是因為，無論過去他們建立過何等自由、寬容和相對繁榮的社會，都在某個時刻因為社會陷入混亂而毀於一旦。美國前總統雷根說過的話最是一針見血：「自由極其脆弱，不過一代就會毀滅。自由並非代代相傳，每個世代都必須不斷捍衛並爭取自由，因為每個民族都只有一次自由的機會。歷史上曾經享有自由卻又失去自由的人，從此再也不識自由的滋味。」

我們要守護的自由是什麼？親愛的讀者，答案就在權利法案中：宗教自由、言論自由、新聞自由、集會自由和請願自由；擁有槍枝的權利；免受非法搜查和扣押的自由；受正當法律程序保護的權利、緘默權及被告人權利；免於殘酷及不人道懲罰的自由；州和城市可制訂獨立於聯邦政府之法律的自由。

身為美國人，我們必須奮力維護這些自由，因為這些自由不過一代就會毀滅。這不表示我們必須變得冷血，從此失去人性或慈悲之心。我最愛美國人的一點是，每當面臨艱難的挑戰，美國人的活力和希望只會**更多**，不會更少，這在其他民族身上都很少見。當我們做好為自由奮戰的準備時，絕對不能忘記自己從何而來。

但面對當前的危機，個人和群體實際上能做些什麼？

一般認為，美國在一七七六年七月四日宣告獨立，這一天就是美國僅此一次的創建之日。但事實上，美國在歷史上經歷過多次的創建和重建。第一次創建是十七世紀初從英國來的宗教難民來到這裡建立殖民地。他們認為自己來到一個新世界建立了新耶路撒冷，在上帝的庇護下自治，遠離舊世界的宗教迫害與暴力。但經過一百多年，殖民地和英國政府之間的關係日漸惡化。帝國王權的觸角延伸到大西洋對岸，剝奪了美國殖民地在大英帝國中的平等地位，也搶走了他們決定自己命運的機會。

因此，勢必得展開第二次創建：組織民兵發動戰爭，贏得戰爭後宣布脫離英國獨立並制訂憲法。憲法通過之後，美國得以建立人類有史以來最成功、最全面的民主政府。然而，憲法保障的權利和自由只延伸到一小部分人民，首先是擁有土地的貴族，選舉權擴大之後，也只限於白人男性。新州成立並納入聯邦後，這些反對蓄奴的州破壞了聯邦政府的權力平衡，蓄奴的南方各州紛紛求去，揚言要退出聯邦。

因此，第三次創建變得迫在眉睫。北方聯邦在內戰中打敗了南方邦聯，不只是北方戰勝南方，甚或廢奴主義者戰勝奴隸主，也是團結一致的國家（United States）的概念戰勝了將國土分裂成多個互鬥小國（如歐洲）的企圖。北方聯邦的勝利，將美國重建成一個擺脫奴隸制和內戰的統一國家。但這段重建時期也不平靜。雖然廢除了奴隸制，但實施種族隔離制度的南方各州仍把美國黑人視為二等公民，且不斷施之以暴力威脅。同時間，北方各州的工業經濟也開啟了另一種嚴重的不平等關係，複製舊世界權貴階級的僱傭模式，用微薄薪水壓榨工人或簽了賣身契的僕人，讓他們在惡劣環境下工作。

第四次創建於焉展開，也就是美國歷史上的新政和民權運動時期。工運分子挺身爭取勞工權益；民權運動領袖主張，根據憲法所有種族一律平等。因為他們的大無畏精神，美國才得以蛻變成今日的模樣。但如同過去常發生的狀況，最近一次創建凝聚而成的社會契約開始逐漸瓦解。美國社會從工業經濟轉型為數位和服務經濟後，許多美國工人失去了第四次創建之後享有的機會。此外，美國資本家決定把工作機會轉往中國和其他國家，使美國工人既憤怒又絕望。另一方面，一九六〇年代民權運動勝利之後平息的種族緊張，又重新浮現。二十世紀初以來最大規模的移民（合法和非法都包括在內），從亞洲和拉丁美洲湧入美國，使美國問題叢生的社會服務體制更加吃不消。一九八〇和九〇年代相對和諧的社會氣氛已經不再。美國人不只開始不信任自己的體制、自己國家的政治和企業領袖，也開始互相不信任。

我們很顯然即將面臨第五次創建。這可不是鬧著玩的。前幾次創建的過程很多都爆發了戰爭和衝突，使政府體制瀕臨破裂。我們能夠撐下來，靠的往往是少數偉大領袖的智慧、遠見和堅持不懈。但這樣的人，很難在今日的華盛頓特區找到。如今我們沒有華盛頓、傑佛遜、林肯、羅斯福或金恩，來引領美國民主體制這艘進水的船隻，渡過二十一世紀的狂風駭浪。

因為這個原因，我相信第五次創建將包含個人責任和地方政府的重建。我們已經仰賴華盛頓特區的聯邦政府來化解所有的問題和差異太久了。然而，整治當地學校制度不是總統的工作；為自己家庭或社區做決策不是最高法院的工作。每天參與自治工作，不要只想把民主政府外包給政治人物，這是你我都該負起的責任。

所以，去參加市議會公聽會，參加當地學校的董事會會議，加入屋主協會。參與有共同目標的公民團體。大家一起募款邀請，全國各地的藝術家和表演者來地方上展演。成為當地宗教禮拜場所的領袖，把資源回饋給需要的人。幫忙訓練子女參加的運動隊伍。吃晚餐時，跟他們分享美國人共同的歷史。晚上念故事給他們聽。鼓勵他們多多回饋社區。少使用社群媒體。少看談話性節目和有線電視新聞。忽略大半在華府發生的事。成為自己領域的主人。

用一個月、甚至短短一週的時間，忘了華府發生的事，專心為自己的家庭和社區帶來快樂和進步，我保證你很快就會對美國改觀。你會覺得更有希望，更加樂觀、慈悲、自律，也會比過去更有決心要改善未來。你樹立的榜樣將發出耀眼的光芒，連覺醒大軍都無法熄滅。事實上，他們將會因為那樣的光芒而感到慚愧，因為他們打從心底知道自己根本沒有真才實學，能貢獻給自由、富足、愛國的個人和社群。別被他們唬了。不要對我們的國家失去信心。

是我父親教我永遠不要放棄。即使到了臨終，他仍然鼓勵我奮勇向前，設法克服種種挑戰。這一個男人，一輩子活在惡夢之中，經常進出監獄、挨餓和挨打，人生最後階段受盡癌症的折磨。儘管如此，他還是要自己的小女兒堅持到底，永不屈服——因為生命本身是如此寶貴。

既然我父親對自己在北韓和中國度過的人生抱持這樣的想法，他若是活到現在，親身體驗美國的生活，又會怎麼想呢？我相信他會認為那簡直就是奇蹟。就跟我一樣。

後記　光明戰士

二〇一九年，我漸漸察覺我的婚姻出現了裂痕。剛結婚時把我們緊緊相繫的連結顯然鬆開了，後來我們雙方都覺得裂痕已經大到無法挽回。隔年我們決定分居，最終走向離婚。雖然我知道長遠來看這是最好的選擇，但仍然憾動了一個事實：自己最重視的一件事——建立自己的家庭，竟然一敗塗地。我出了什麼問題嗎？

離婚過程當然很棘手，寶貝兒子的扶養問題更讓事情加倍複雜。我們都全心全意疼愛這個可愛的孩子，於是決定對他來說最好的選擇，就是兩人住在同一個城市，平均分攤陪伴和養育的責任，也會盡一切所能持續灌輸他正確的價值觀；至少我跟前夫還擁有共同的價值觀。

由於兒子是我生活的中心，最近我經常思考我想灌輸他哪些價值觀，還有我應該把什麼樣的人當作他的學習榜樣。比起其他美國母親，這個問題對我來說是更加困難，也無法直覺就想到答案。我的前半生在北韓和中國度過，因此我認為除了家人，世界上其他人都不是好人，只想騙我、控制我，或別有居心。從小就被灌輸敵國間諜和邪惡力量無所不在，連左鄰右舍和自己家都不例外，無可避免造成了這樣的結果。從小到大，我從來沒有把其他人視為「榜樣」的習慣，也從沒想過有人能以身作則，為人表率。世界上只有爸媽和姊姊是好人，其他人都是壞人，而偉大的領袖就是神。

到了南韓，尤其是來到美國之後，我改掉了這種極端思想。其他人或許輕易就能對人付出信任，這對我卻還是很困難。然而，在北美遇到的一些傑出人士促使我改變想法。如今我發現，每個人心中都有一抹光，而且幾乎每個人都有一顆善良的心，只是有些人比較難觸及那一抹光。

我很喜歡喬登．彼得森上過的一堂課，他稱之為「選擇自己的犧牲」。其中的概念是，每個人在發展過程中，都是從擁有無限可能性的小孩，變成必須決定要專注於某件事、把餘生投入那件事的大人。鎖定特定任務或人生目標的過程中，需要我們放棄小時候對我們開放的所有其他可能性，過程通常痛苦又艱難。由此，選擇一生志業終究是一個犧牲和放棄的過程。我們犧牲了自己的「多潛能性」（pluripotentiality，借用一下專業術語），好讓自己專注於單一任務，並培養出該領域的一流技能。選擇自己的犧牲儘管困難，某方面也令人難過，但也因為如此，我們才能為自己的家庭和社群創造出最大價值。另一方面，利用自己的才能和成就造福他人，也是活出美好、負責任且有意義生命的重要指標。

至於我自己，我選擇把提倡和捍衛人權當作我的人生志業，特別是自由權。儘管早年生活貧困，現在所有的物質享受對我來說卻毫無意義，除非我能和此刻正在遭受我童年經歷過的折磨的人們一同分享。

這項人生志業，讓我有機會認識跟我志同道合的人，他們也跟我有很相似的人生目標。這些人是現代的自由鬥士，挺身對抗他們在社會上或社群中看到的專制力量，把活出自由、有意義的生命並以身作則，當作自己的天職。我最喜歡的作家之一保羅·科爾賀（Paulo Coelho）稱這些人為「光明戰士」。這些人通常聰明、上進、能幹，大可在商業界飛黃騰達，卻選擇用一生來捍衛自由。我想在這本書的最後感謝三個人，他們不只是我心目中的模範人物，也是我兒子學習的榜樣。

看到這裡，讀者或許已經感受到我對喬登・彼得森博士的景仰。他曾任哈佛臨床心理學教授，目前是多倫多大學的榮譽退休教授，也是出過多部重要著作的暢銷作家，包括《生存的十二條法則》（*12 Rules for Life: An Antidote to Chaos*）和續作《其他生存法則》（*Beyond Order: 12 More Rules for Life*）。作品翻譯成四十五種語言，證明他的著作引起廣大讀者的共鳴。我很欣賞他對個人責任和如何活出有意義的生命所提出的看法。他不但是我心目中的英雄，有生之年，我的書架上都會放著他的著作，更希望有天也能和兒子分享我的熱愛。

我透過他的女兒米凱拉（Mikhaila）見到了彼得森本人，我們聊到我在北韓長大的經驗，以及哥大的覺醒主義跟北韓意識形態的種種雷同。他身為臨床心理學家的經驗和所受的訓練如同一盞明燈，我第一次遇到這樣真心理解並感同身受的人。我們透過 Zoom 進行訪談，那是我第一次能夠和家人或知交以外的人安心自在地細談過去發生的種種。那次訪談之後，彼得森博士持續跟我討論如何把我的訴求傳播得更廣。後來我也上了他的節目，我的觀眾因此快速增加。

我們的共同點是對專制政權既著迷又深惡痛絕。彼得森博士是蘇聯原版宣傳品的收藏家，他在多倫多家中的牆上掛滿他的收藏品。雖然政治立場中立，他卻是西方世界馬克思主義和社會主義思想史的權威，也持續撰寫相關文章，並和其他重量級知識分子辯論（每次跟自稱馬克思主義的人辯論，他必贏無疑）。

一年年過去，我遇到的網路騷擾、取消之類的事件愈來愈多，我也更加崇拜彼得森博士。他從一開始就是覺醒運動的頭號公敵，但還是照樣直抒己見，堅持自己的看法和原則。他之所以變得無法取消，甚至比過去更受歡迎，就是因為他敢說真話。明明沒有想法卻要欺騙閱聽大眾自己言之有物，那是不可能的事。真誠是一種迷人且令人欽佩的特質，能使你不受黨派紛爭的左右，也讓人們重視你樹立的榜樣更勝於你表達的特定看法。彼得森博士就是「真實」的化身，每次我跟觀眾交流，都會把他當作心中的範本。

我之所以變成彼得森博士及其作品的超級粉絲，或許是因為身為一名知識分子，他對自己的所知所學既自信又謙卑。我最喜歡他講的一句話是：「我當上帝存在一般地待人處世。」他沒有斷言上帝存在或不存在，也不假裝自己有能力證明這件事，而是單純地認為上帝若是存在或許是一件好事，就算祂不存在，把祂當作存在一樣待人處世的人，也能活出更有目標、更豐富、更有意義的人生。他表達這個或其他類似的想法，不是為了展現自己的聰明才智、獲取影響力或權力，或拿到出版合約、受邀出席社交場合。他說出自己的想法，是因為他具有堅定不移的信念，希望盡可能和更多人分享，特別是奮力在現代社會中得到快樂並適應生活的年輕人（他年輕時也是如此）。他不用自己的主觀意識去批評他人，也不試圖說服別人接受他的生活方式，只是以身作則，示範一個人可能如何活得更有意義。這一點，我深深感激。

喬·羅根（Joe Rogan）已經活躍於大眾媒體三十年，近幾年更成了家喻戶曉的人物。他不只是美國文化的核心人物，本身也是變化快速的文化模式的重要指標。他主持的播客《喬·羅根旋風》廣受各階層、各類型的聽眾歡迎，雄踞美國播客收聽冠軍已經一段時日。他的魅力在於思想細密又充滿求知精神，同時卻格外謙虛和心胸開放。他不會不懂裝懂，所以才邀請來賓上節目為他（和他的聽眾）授課。這種作法看似簡單又直覺，照理說應該很普遍，其實不然。大多數媒體人都認為自己的工作，是把預先包裝好的想法傳達給容易被操縱的閱聽大眾，但羅根絕不會那樣看輕自己的聽眾。他奉行的價值是好奇、幽默、真誠、符合常識。結果你瞧，他推出的內容在市場上大受歡迎，稱冠全球。

受邀到德州奧斯汀上他的節目時，我欣喜若狂，但也非常緊張。我看過幾集《喬．羅根旋風》，記得有位來賓在他面前炫耀自己的知識和成就，羅根只問了幾個直接又誠懇的問題，就（有意或無意）拆穿了他的裝模作樣。朋友不斷提醒我，當羅根放鬆又和善並營造出歡迎的氣氛時，別以為這下子就可以放下戒心。要是你說了不合理、不對勁或他知道聽眾會質疑的話，他絕不會手下留情。

沒想到我的擔心完全是自己嚇自己。羅根從頭到尾都是個無可挑剔的紳士。我們的訪問錄了三個多小時，但時間一下子就過去了，結束時我以為還不到一小時，擔心他會覺得不夠好而把它剪短。我在大眾媒體遇到的採訪者，幾乎都喜歡挑人毛病、故意製造話題、讓來賓顯得很笨或低人一等，但羅根很不一樣。他真心想知道在北韓發生的人權浩劫，以及中國如何介入並擴大這場浩劫。過去，他聽過也讀過這一類報導，但他想更深入瞭解。此外，他也詳細詢問我從北韓逃到中國再到南韓的細節，而且問得比任何人都要深入。我感覺得到，他是抱著好奇求知的精神和開放的心，很認真在聽我說話。我尤其佩服他提問時（看得出來他做了很多功課）的真心誠意和一派輕鬆，彷彿我們只是兩個老朋友在聊彼此的近況。難怪在其他媒體平台往往聽完精彩片段就立刻轉台的人，竟然願意一次收聽羅根的播客三到四個小時。

我最喜歡的是談到我在哥大的經驗那部分，因為羅根比大多數人更早面臨覺醒運動帶來的危險。他的核心看法是，當代人的挫折容忍度太低，動不動就受傷，那是因為他們從來沒有像過去的世代那樣真正吃過苦。「亂世創造強人，強人創造盛世，盛世創造弱者，弱者創造亂世。」是他跟我分享的小小智慧（出自邁克．霍普夫〔G. Michael Hopf〕的小說《留下來的人》〔*Those Who Remain*〕）。

羅根的直言不諱讓他成為政府和社會運動者的眼中釘，但他仍然堅持立場，拒絕妥協，致力於捍衛言論自由。他的正直為人使我感觸良多。要像他那樣慷慨、善良和富有同情心，並不容易。我不認為有誰能輕易做到，那需要和羅根一樣，願意花心思與他人建立深厚的連結，才有可能。他是每個人都應該效法的榜樣。

另一個我有幸認識的傑出人士是坎迪斯．歐文斯（Candace Owens）。她是個正直敢言的非裔美國女性，不顧危險、大膽揭穿批判性種族理論，以及極端反種族歧視教條的謊言。二〇一九年，她到美國國會的聽證會上「正面對抗白人至上主義」，引用數據，指出美國的犯罪事件（即使是種族衝突引發的犯罪）能簡化到用「白人霸權」來解釋的案例，少之又少。此後，她的強大魅力就如洪水一般爆發。她的回憶錄《黑人的第二次解放》（*Blackout*），記錄了她早年的生活及日後的政治覺醒，十分感人且對我產生重大影響，後來我才決定寫下自己的生命故事。二〇二一年，坎迪斯加入《每日連線》（*The Daily Wire*）新聞網站（創辦人之一是保守派評論家及主持人班·夏皮羅）。

二〇二〇年底，我上夏皮羅的節目接受訪談，因此認識了他。我非常欣賞他對許多議題的看法，尤其是他那句現在廣為人知的「事實不在乎你的感受」。他也對「菁英制」的概念發表了精闢的見解，並針對如何活出有意義和負責任的人生，提出了彼得森式的實用建議：那就是拒絕把自己的困境歸咎於他人。當我受邀到《每日連線》位於納什維爾的總部接受坎迪斯的訪問時，可想而知，我有多麼驚喜。

那次訪問沒有讓我失望。《每日連線》的工作人員非常熱情好客，也非常專業。與社群媒體團隊做完一小時的訪談之後，我被帶往另一間錄製《坎迪斯·歐文斯脫口秀》的工作室。開錄之前，我們先短暫碰了面，我把《為了活下去》的簽名書送給她當作謝禮。

坎迪斯·歐文斯是相當優秀的訪問者，針對我在北韓的生活、我逃亡的過程，以及在中國遭遇的困境，提出相當深入的問題。我們也談到，我們都知道當代美國社會跟北韓之間具有某些相似點。訪談最後，歐文斯看見觀眾為我們兩人起立鼓掌非常驚訝。顯然這在她的節目上是第一次發生。

我記得當時我坐在現場，坎迪斯．歐文斯坐在我旁邊。一個是口音很重的北韓移民，一個是年輕的黑人女性，兩人看著台下來自不同背景的觀眾笑咪咪為我們鼓掌。我心裡不禁想：這就是美國啊。

致謝

我不知道自己何德何能，可以獲得那麼多的愛和支持。身邊圍繞著這麼多傑出人才，讓我每天都充滿無限的感激。在此我想簡短表達我的感謝。

首先，謝謝傑洛米．史登（Jeremy Stern）幫助我為這本書注入生命，還有多次妙語如珠的對談。我也深深感謝我的經紀人：艾索斯（ATHOS）出版社的強納森．布朗尼斯基（Jonathan Bronitsky），以及兩位西蒙與舒斯特（Simon & Schuster）出版社的編輯：娜塔莎．西蒙斯（Natasha Simons）和米雅．羅勃森（Mia Robertson）。謝謝你們相信我。

寫作過程中，我的「共犯」魯茲貝．阿馬迪恩（Rouzbeh Ahmadian）醫生一直陪伴著我，從最初的草稿到最後的校對，都有他堅定的身影。他是我一路走來的靠山，他的幽默總能讓我展露笑顏。此外，也很感謝他的家人張開雙臂迎接我。莫泰莎（Morteza）、法拉納克（Faranak）、羅希（Roshi）和傑瑞（Jerry），謝謝你們。

雖然我在北韓和中國失去了很多家人，後來卻跟許多人成了家人，尤其是美國人權基金會的許多傑出成員。我沒有兄弟，但索爾・哈佛森（Thor Halvorssen）就像我的哥哥，教了我很多東西，從怎麼吃龍蝦，到理解生命和關係中無條件的愛和喜悅代表的意義，無所不包。也謝謝艾力克斯・葛拉斯坦（Alex Gladstein）、艾力克斯・羅依（Alex Lloyd）和他美麗的妻子瑞秋（Rachel）、科比・湯姆森（Colby Thomson）、塞琳・布斯塔尼（Celine Boustani）、蓋瑞・卡斯帕洛夫（Garry Kasparov），以及依內斯・侃特・福瑞登（Enes Kanter Freedom）。

至今我仍不敢相信，自己有榮幸能跟我心目中的楷模及英雄成為朋友。我對以下好友的感激難以言喻：喬登・彼得森博士、米凱拉・彼得森、喬・羅根、雷克斯・佛瑞曼（Lex Fridman）、派崔克・貝特－大衛（Patrick Bet-David）、馬利歐・亞吉拉（Mario Aguilar）、提姆・普爾（Tim Pool）、羅伯特・清琦（Robert Kiyosaki）、戴夫・魯賓（Dave Rubin）、貝里・魏斯（Bari Weiss）、坎迪斯・歐文斯、班・夏皮羅、梅利莎・陳（Melissa Chen）、費薩爾・薩依德・阿爾穆塔爾（Faisal Saeed Al Mutar）、馬希・阿林賈德（Masih

Alinejad）、迪內什・德索薩（Dinesh D'Souza）、道格拉斯・穆雷（Douglas Murray）、丹尼斯・普拉格（Dennis Prager），還有普拉格大學的瑪麗莎・史垂特（Marissa Streit），以及地下鐵路行動組織的提姆・巴拉德（Tim Ballard）、海登・保羅（Hayden Paul）、維希・皮爾森（Vessie Pearson）和傑里邁亞・艾文斯（Jeremiah Evans）。

我也很感激其他朋友和同事給我的支持和愛，包括文學代理公司柯蒂斯・布朗（Curtis Brown）的凱洛琳娜・薩頓（Karolina Sutton）；經紀公司ICM Partners的阿曼達・厄本（Amanda Urban）和比利・哈洛克（Billy Hallock）；《紐約郵報》的瑪麗安・瓦勒斯（Maryanne Vollers）、周柳建成（James Chau）、馬修・泰爾曼德（Matthew Tyrmand）、德魯・賓斯基（Drew Binsky）、奧斯汀・萊特（Austin Wright）、克里斯・查坡（Chris Chappell）、艾瑪喬・莫里斯（Emma-Jo Morris）。另外還有葛蕾絲・佛瑞斯特（Grace Forest）、威爾・魏特（Will Witt）、小凱西・拉爾蒂格（Casey Lartigue Jr.）、艾絲特・派克・維斯（Esther Paik Vess）、布萊妮・維斯（Blaine Vess）、莎拉・桑恩（Sarah Son）、丹尼爾・卡雷東尼（Daniele Caretoni）、吉娜維芙・沃夫・尤衛森（Genevieve Wolff Jurvetson）、史提夫・尤衛森（Steve Jurvetson）、麥特・穆倫維格（Matt

Mullenweg）、喬登・哈賓哲（Jordan Harbinger）、海拉姆（Hyram），以及利安・羅依巴－辛（Leeann Roybal-Shin）。

此外，我也想對我的贊助者致上感謝，尤其是約翰・米契（John Mitchel）、戴夫・萊斯（Dave Rice），以及在不同社群媒體平台上幫助我的人。

感謝我前夫當我們兒子的好爸爸。也謝謝朵麗（Dory）、艾琳（Eileen）和喬治（George）。

我母親是我最好的朋友，對她的感謝我難以用言語形容。任何文字都無法表達我有多感激她為我和姊姊所做的犧牲，更不用說賜給我們生命這份禮物。沒有她，就沒有我兒子，光是這一點我就一輩子感激她。

最後，謝謝我的兒子。至今我還不敢相信自己是這麼可愛、貼心又善良的孩子的母親。你是外公外婆和我的夢想。我們祖先懷抱的夢想在你身上延續下來，無論你去向何方，我們都與你同在。我愛你，且深深為你讚嘆。

國家圖書館出版品預行編目資料

趁我們還有時間：脫北者朴研美在美國／朴研美著；謝佩妏譯. -- 初版. -- 臺北市：大塊文化出版股份有限公司, 2023.10
244面；14.8×20公分. --（mark ; 189）
譯自：While time remains : a North Korean defector's search for freedom in America.
ISBN 978-626-7317-89-1（平裝）

1.CST: 朴研美　2.CST: 新住民　3.CST: 自由　4.CST: 文化評論

541.28　　112014742

LOCUS

LOCUS

LOCUS

LOCUS